내가 만들어 입는
코디네이트 룩

코우다 아오이

HANDIS

기본 코디와 변형 디자인

Lesson 1 ·· 4
라인 장식의 블라우스와 팬츠처럼 보이는 스커트

기본　　　　　　　　　응용A　　　　　　　　　응용B

Lesson 2 ·· 8
차분한 컬러의 블라우스와 하프 서큘러 스커트

기본　　　　　　　　　응용A　　　　　　　　　응용B

Lesson 3 ·· 12
뒤판이 포인트인 튜닉과 큐롯 팬츠

기본　　　　　　　　　응용A　　　　　　　　　응용B

message
즐거운 소잉! ·· 16

Lesson 4 42
요크에 주름이 풍성한 블라우스와 슬림 팬츠

기본   응용A   응용B

Lesson 5 48
다양하게 코디할 수 있는 블루종, 리버시블 베스트와 배기팬츠

기본   응용A   응용B

Lesson 6 54
맞주름 블라우스와 맞주름 스커트

기본   응용A   응용B

Lesson 1

라인 장식의 블라우스와
팬츠처럼 보이는 스커트

Lesson 1 기본

블라우스의 절개선은 뒤판과 연결된 패턴입니다.
하의는 Lesson3 큐롯 팬츠와는 다른 제작 방법으로 만들었습니다.
베이직한 블라우스와 스커트가 느낌있는 코디를 완성해줍니다. →p.17

Lesson 1　A 응용

절개선에 주름을 잡아, 우아하고 풍성한 블라우스로 변형한 아이템입니다. 시원해 보이는 스트라이프의 얇은 리넨으로 만들었지만 가을, 겨울에는 가벼운 울로 만들어 보는 것도 추천합니다. →p.24

Lesson 1 B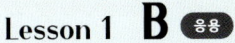

폴리에스테르와 혼방한 울 원단으로 블라우스에 주름 스커트를 달아 긴 기장의 원피스로 만들었습니다. 밸런스를 맞추기 위해 소매는 짧게 달았지만 착장자가 원하는 대로 소매길이를 조절하여 만들어 보세요. →p.22

Lesson 2

차분한 컬러의 블라우스와
하프 서큘러 스커트

Lesson 2 `기본`

차분한 컬러의 원단으로 만든 멋스러운 블라우스와 스커트입니다.
블라우스의 넓게 파인 목둘레는 뒷몸판의 턱 장식으로 커버해주었고,
스커트는 풍성한 볼륨감으로 여성스러운 라인이 돋보이게 만들었습니다. →p.25

Lesson 2 A 응용

스탠더드한 실루엣이 포인트인 원피스입니다.
무게감이 있는 리넨 자가드 원단으로 만들어
더욱 고급스러우며, 기본 블라우스의 기장에서
길이를 연장하여 만들었습니다. →p.30

Lesson 2 B 응용

기본 블라우스에서 칼라 없이 베스트로 만들었습니다. 스톨은 날실(세로실)이 에크뤼, 씨실(가로실)이 진한 갈색으로 짜인 해링본 울 소재로 만들었습니다. 따뜻하게 보이는 스톨의 프린지 부분은 씨실(가로실)을 뽑아 만들었습니다. 스톨과 함께 레이어드하면 더욱 완성도 있는 코디가 됩니다. →p.29

Lesson 3

뒤판이 포인트인
튜닉과 큐롯 팬츠

Lesson 3 기본

뒷몸판에 허리까지 오는 턱 장식이 깔끔하게 보이는 튜닉입니다.
슬림한 실루엣을 위해 옆선 솔기가 없는 입체적인 패턴으로 만들었습니다.
큐롯 팬츠는 Lesson1과 같은 패턴으로 컬러만 달리하여 만들었습니다. →p.32

Lesson 3 A 응용

기본 튜닉의 기장에서 길이를 연장하고, 뒷몸판의 턱 장식 대신 주름을 잡아 만든 원피스입니다. 소매의 절개 부분도 주름을 잡아 풍성하게 만들었으며, 살랑살랑한 실루엣이 더욱 사랑스럽게 보이는 아이템입니다. →p.36

Lesson 3　B 응용

여유가 있어 입기 편한 베이직한 블라우스입니다.
기본 튜닉의 기장에서 길이를 짧게 만들었으며,
뒷몸판의 턱 장식 없이 절개선만으로 심플한 형태
로 만들었습니다. →p.38

message 즐거운 소잉!

"LaLa Sewing"은 많은 수강생들과 함께 소잉을 즐기고 있습니다.
저도 레슨을 하다 보면 수강생들에게 많은 영감을 받을 때도 있습니다.
그 시작은 작은 궁금증과 멋진 실수에서 비롯됩니다.
레슨 중, 수강생이 팬츠의 밑아래의 앞, 뒤를 잘못 봉합하여 스커트가 되었고,
그 과정에서 영감을 받아 Lesson1 팬츠처럼 보이는 스커트가 탄생되었습니다.
한 가지의 패턴으로 2벌을 만들 수 있는 멋진 아이템이라 생각이 듭니다.
이 책을 보고 꼭 만들어보시길 바라는 가장 추천하는 작품입니다.

작품은 가끔 이런 멋진 실수로 만들어지기도 하지만, 저는 언제나 디자인을 생각할 때 머릿속에는
원단의 특징, 패턴의 구성, 봉합 방법 등 동시에 떠올립니다.
그리고 기본이 되는 심플한 디자인에 주름과 절개를 더해가는 방법과
복잡한 디자인에서 디테일을 덜어내는 두 가지의 디자인 방식으로 만들고 있습니다.

봉합 방법을 생각할 때
간단하고 빠르게 봉합하는 것에만 중점을 두지 않습니다.
깔끔한 완성, 좋은 밸런스, 겉뿐만 아니라 안쪽까지도
신경 써서 만들기 때문에 프로세스 구상은 더욱 중요합니다.
예를 들면 "Lsesson3"의 목둘레에 안단을 다는 방법은 기존 방법과 다르지만
프로세스대로 만들다 보면 순식간에 목둘레와 어깨가 완성됩니다.
꼭, 따라 해 보시고 깔끔한 마무리를 실감하셨으면 좋겠습니다.

프로세스를 구상할 때, 봉합할 곳을 없애는 것보다는
두 가지를 제작 과정을 한 가지 제작 과정으로 쉽게 작업할 수는 없을까?
머리로 생각하고 손으로 생각합니다. 어느 쪽이든 마음속으로 그린 디자인이
형태를 갖추게 될 때까지의 작업 과정은 늘 즐겁습니다.

제가 지금껏 반복해 온 방법뿐만 아니라
다양한 봉합 방법들도 있다는 점이 재밌습니다.
재단이 아름답지 않아도, 바늘땀이 삐뚤어져도, 봉합을 잘못했어도
감추지 않아도 됩니다. 자꾸 만들다 보면 실력은 반드시 늘 테니까요.

이 책에서는 블라우스와 스커트, 코트와 팬츠, 튜닉과 큐롯 팬츠.
심플한 아이템들이 셋업이 되면 그것만으로
세련된 디자이너가 될 수 있다는 것을 실감하셨으면 좋겠습니다.

코우다 아오이

Lesson 1 기본 블라우스와 스커트
→p.4

퍼즐을 맞추듯 블라우스 패턴을 좌・우・위・아래 그리고
만드는 순서를 확인하면서 만들어주세요.

○ 완성사이즈(cm)

	7호	9호	11호	13호	15호
블라우스 가슴둘레	96.5	100.5	104.5	108.5	113.5
블라우스 옷길이	52	52	52	52	52
블라우스 소매길이	40.8	41	41.2	41.4	41.7
스커트 엉덩이둘레	102	106	110	114	119
스커트 길이	83	83	83	83	83

○ 재료
- 겉감 … 리넨 140cm폭×250cm(7・9・11호) / 270cm(13・15호)
  각각 재단할 경우 140cm폭×140cm(블라우스) / 180cm(스커트)
- 접착심(소잉심지) … 60×15cm
- 단춧구멍 테이프 … 1개
- 단추 … 1.3cm폭 1개
- 고무줄 … 3.5cm폭 적당량

○ 패턴(1면)
- Lesson1 기본 : 앞윗몸판, 뒤윗몸판, 오른쪽 아래몸판, 왼쪽 아래몸판, 소매, 앞안단, 뒤안단

○ 패턴(2면)
- Lesson1 기본 : 오른쪽・왼쪽 스커트(앞), 오른쪽・왼쪽 스커트(뒤), 허리벨트

✚ 블라우스 만드는 순서
1. 윗몸판의 어깨를 봉합한다.
2. 윗몸판에 안단을 단다.
3. 뒤윗몸판의 뒷중심을 정리한다.
4. 윗몸판의 옆선을 봉합한다.
5. 오른쪽・왼쪽 아래몸판의 뒷중심을 연결한다.
6. 아래몸판의 밑단을 정리한다.
7. 윗몸판과 아래몸판을 연결한다.
8. 소매를 만든다.
9. 몸판에 소매를 단다.
10. 뒷몸판에 단춧구멍 테이프와 단추를 단다.

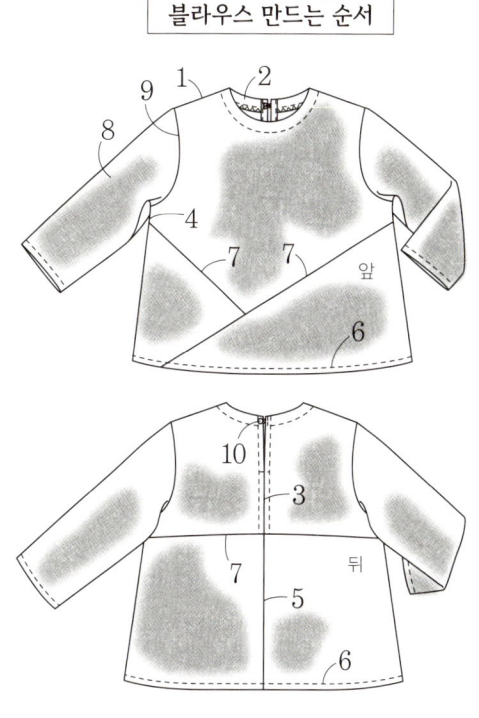

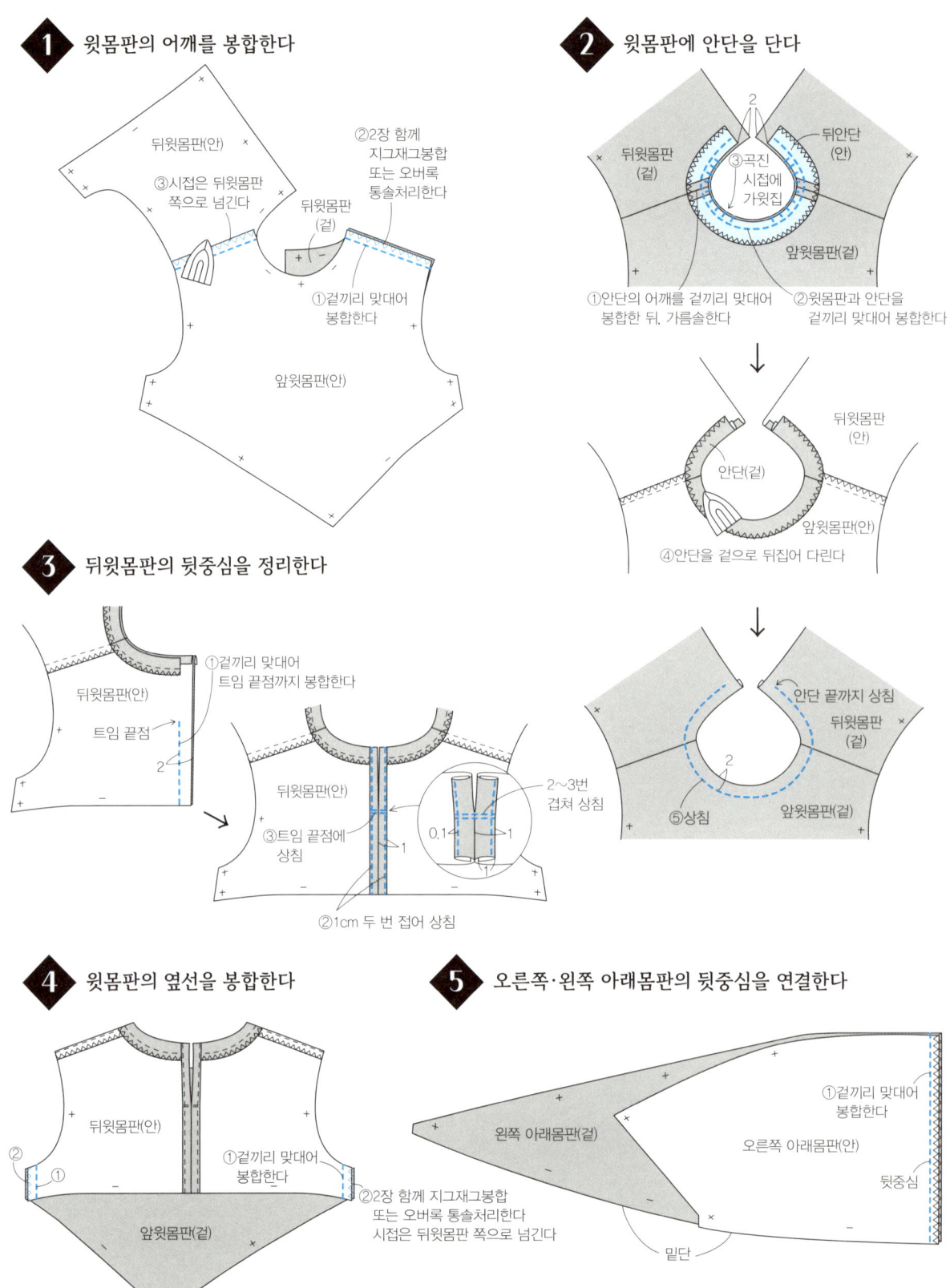

6 아래몸판의 밑단을 정리한다

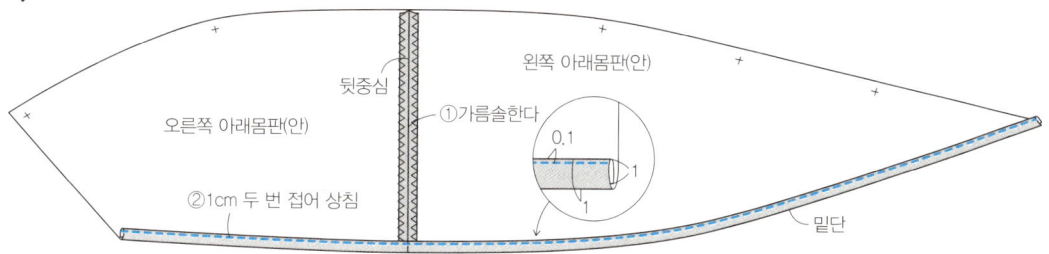

7 윗몸판과 아래몸판을 연결한다

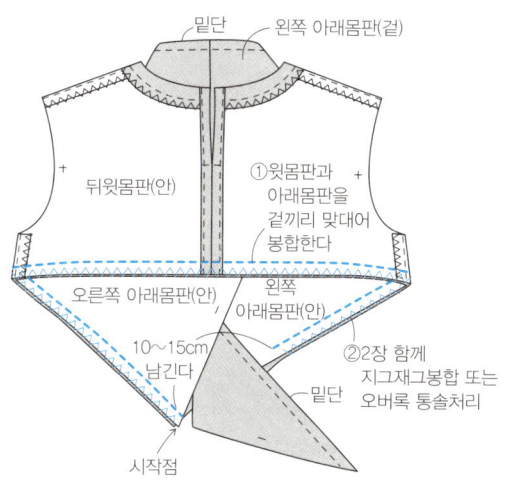
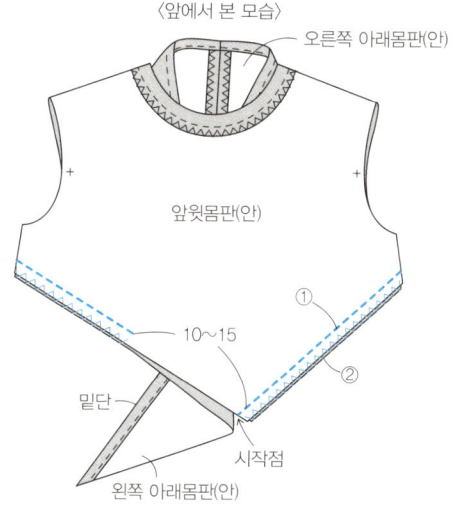

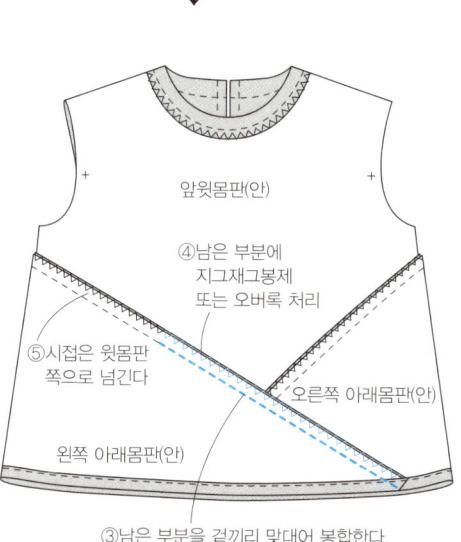

8 소매를 만든다

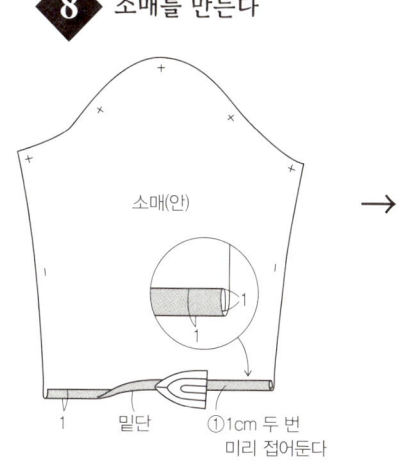

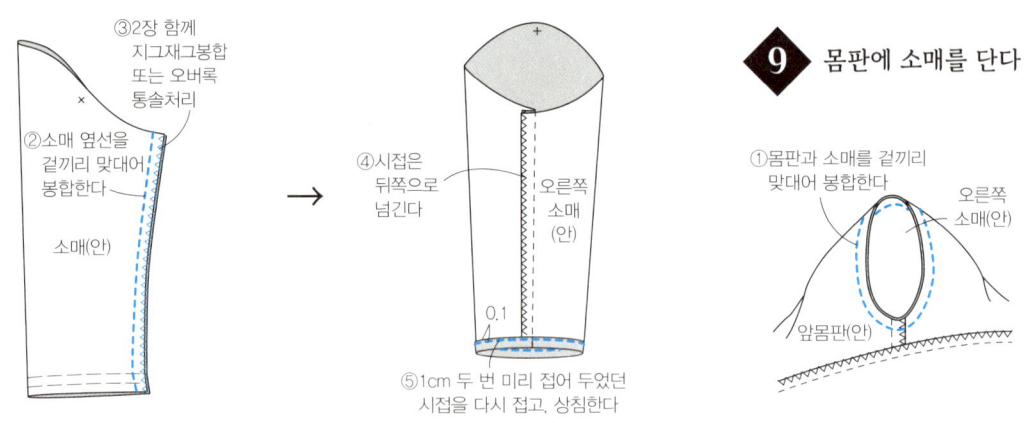

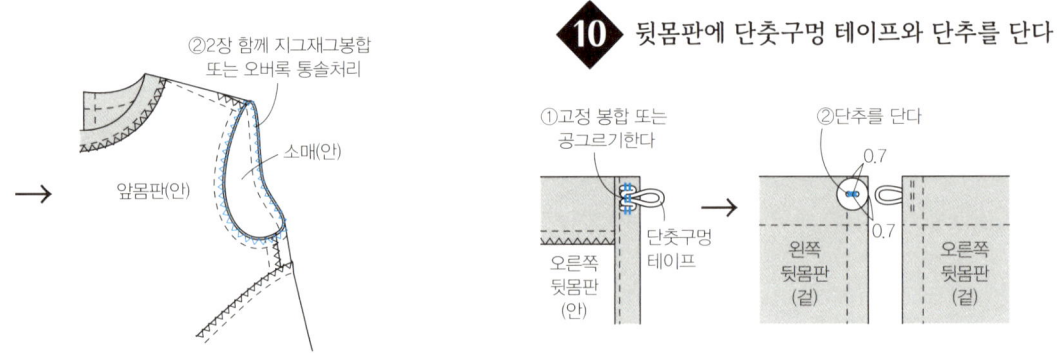

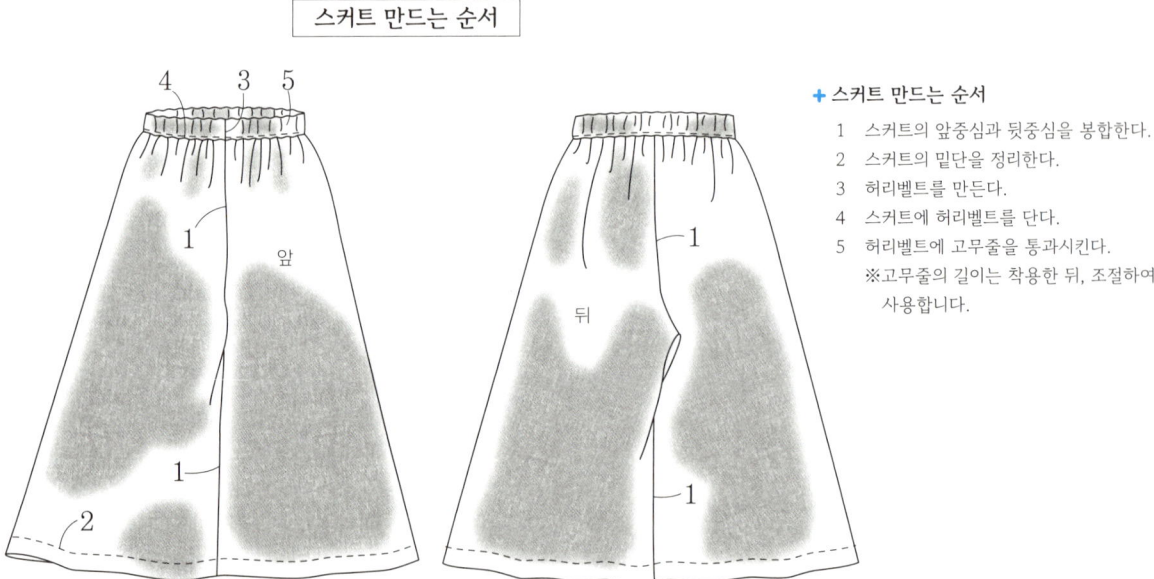

1 스커트의 앞중심과 뒷중심을 봉합한다

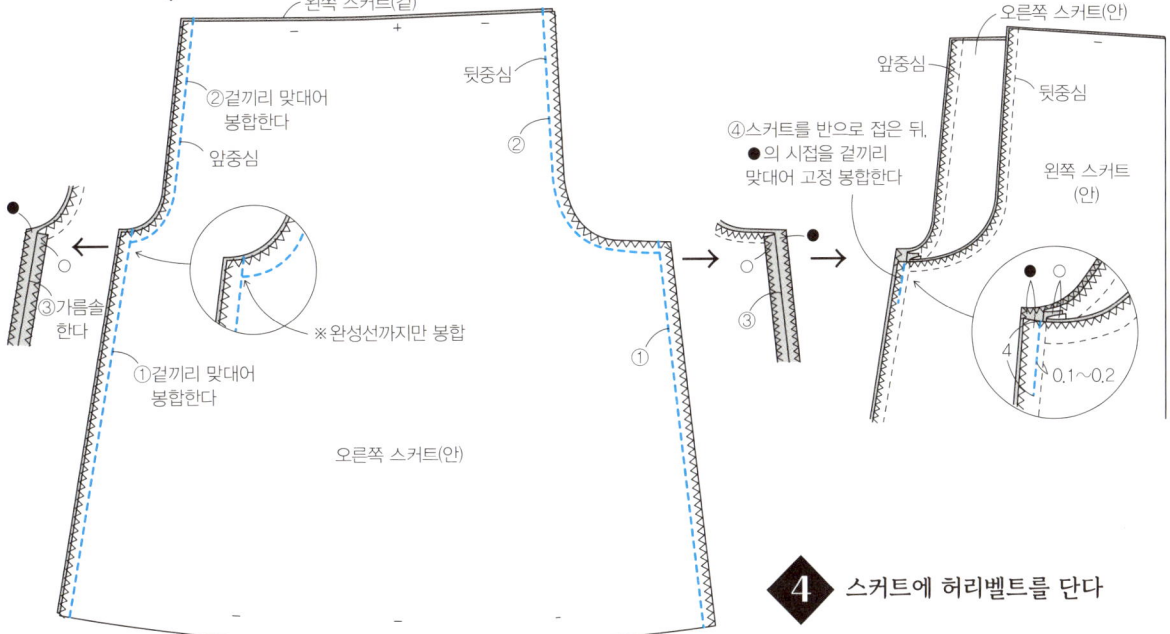

2 스커트의 밑단을 정리한다

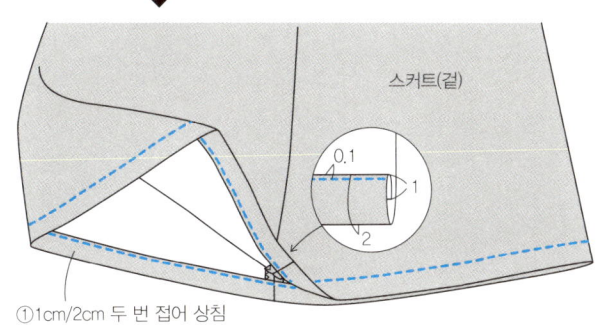

3 허리벨트를 만든다

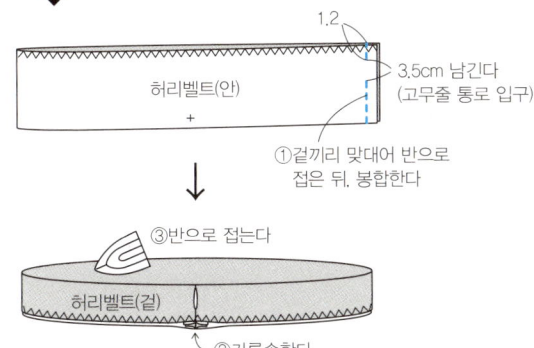

4 스커트에 허리벨트를 단다

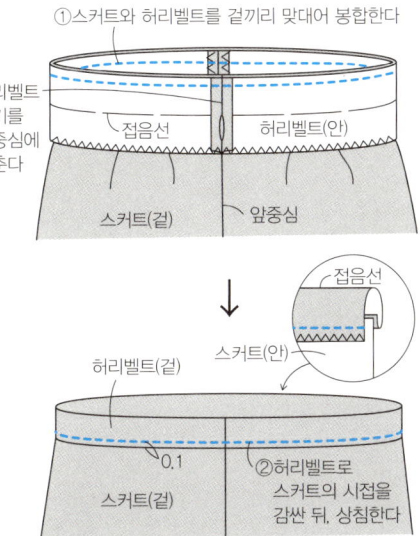

5 허리벨트에 고무줄을 통과시킨다

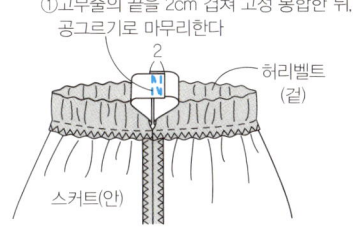

Lesson1 B 응용 원피스
→p.7

○ 완성사이즈(cm)

	7호	9호	11호	13호	15호
가슴둘레	96.5	100.5	104.5	108.5	113.5
옷길이	132	132	132	132	132
소매길이	13.8	14	14.2	14.4	14.7

○ 패턴(1면)
· Lesson1 응용B : 앞윗몸판, 뒤윗몸판, 오른쪽 아래몸판,
　　　　　　　왼쪽 아래몸판, 소매, 앞안단, 뒤안단
* 앞·뒤스커트의 패턴은 직접 제도하여 사용합니다.

○ 재료
· 겉감 ··· 울 폴리에스테르 150cm폭×260cm(7·9·11호) / 270cm(13·15호)
· 접착심(소잉심지) ··· 60cm폭×15cm
· 단춧구멍 테이프 ··· 1개
· 단추 ··· 1.3cm폭 1개

+ 만드는 순서
1　윗몸판의 어깨를 봉합한다. (p.18-1번 참고)
2　윗몸판에 안단을 단다. (p.18-2번 참고)
3　뒤윗몸판의 뒷중심을 정리한다. (p.18-3번 참고)
4　윗몸판의 옆선을 봉합한다. (p.18-4번 참고)
5　오른쪽·왼쪽 아래몸판의 뒷중심을 연결한다. (p.18-5번 참고)
6　윗몸판과 아래몸판을 연결한다. (p.19-7번 참고)
7　소매를 만든다.
8　몸판에 소매를 단다. (p.20-9번 참고)
9　스커트를 만든다.
10　몸판에 스커트를 단다.
11　뒷몸판에 단춧구멍 테이프와 단추를 단다. (p.20-10번 참고)

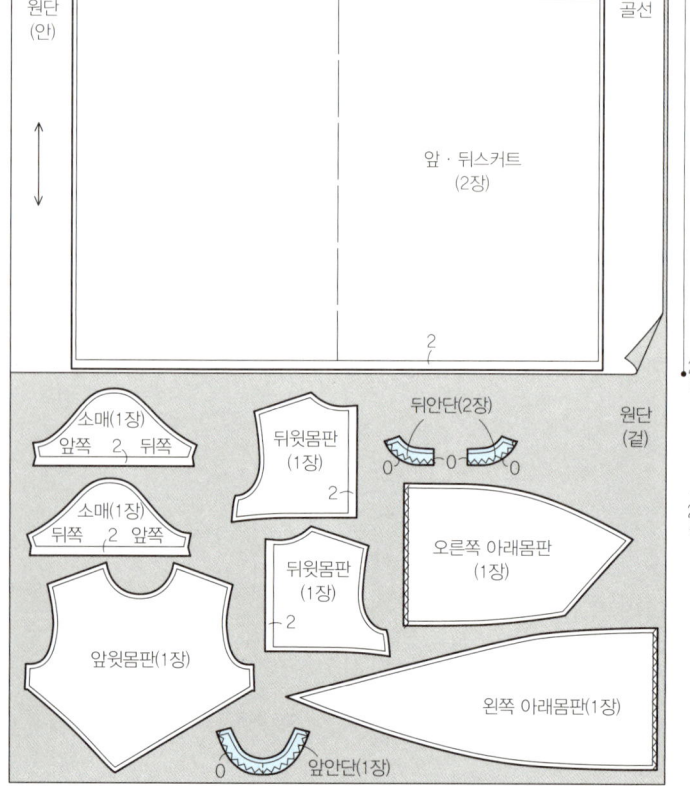

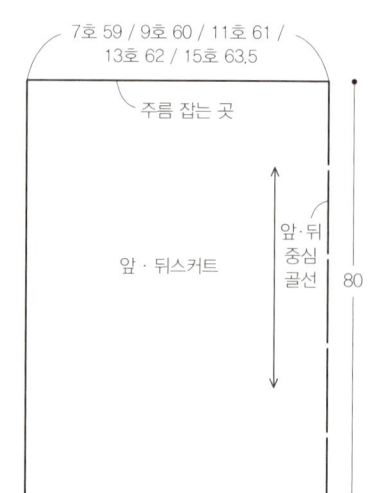

만드는 순서

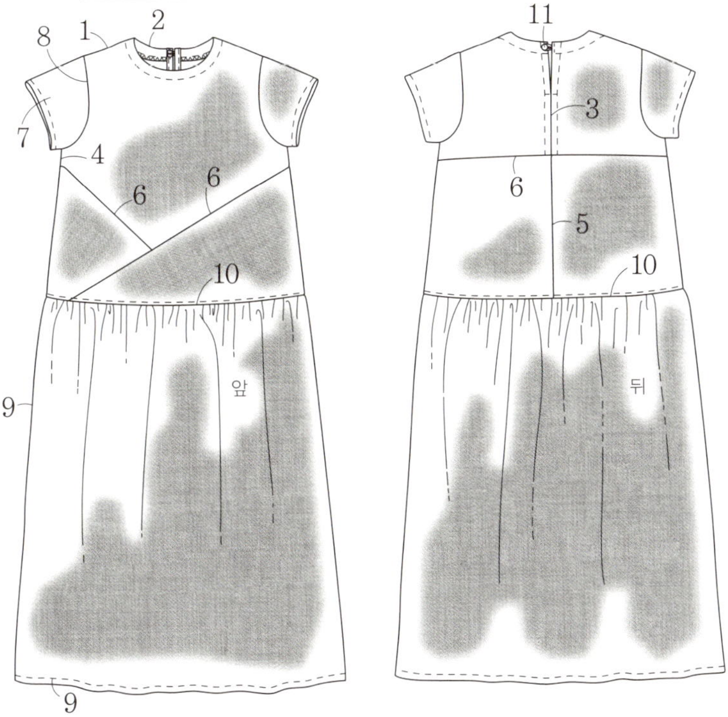

앞 / **뒤**

순서 번호: 1, 2, 3, 4, 5, 6, 7, 8, 9, 10, 11

---

7 소매를 만든다

① 1cm 두 번 미리 접어둔다
밑단
소매(안)

② 소매 옆선을 겉끼리 맞대어 봉합한다
③ 2장 함께 지그재그봉합 또는 오버록 통솔처리
소매(안)

④ 시접은 뒤쪽으로 넘긴다
0.1
소매(겉)

⑤ 1cm 두 번 미리 접어두었던 시접을 다시 접고, 상침한다

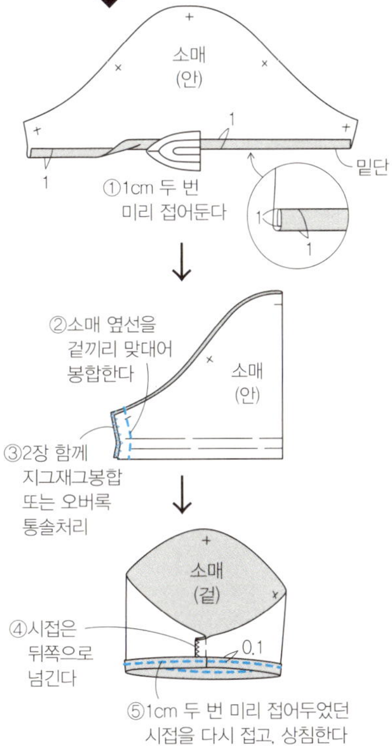

---

9 스커트를 만든다

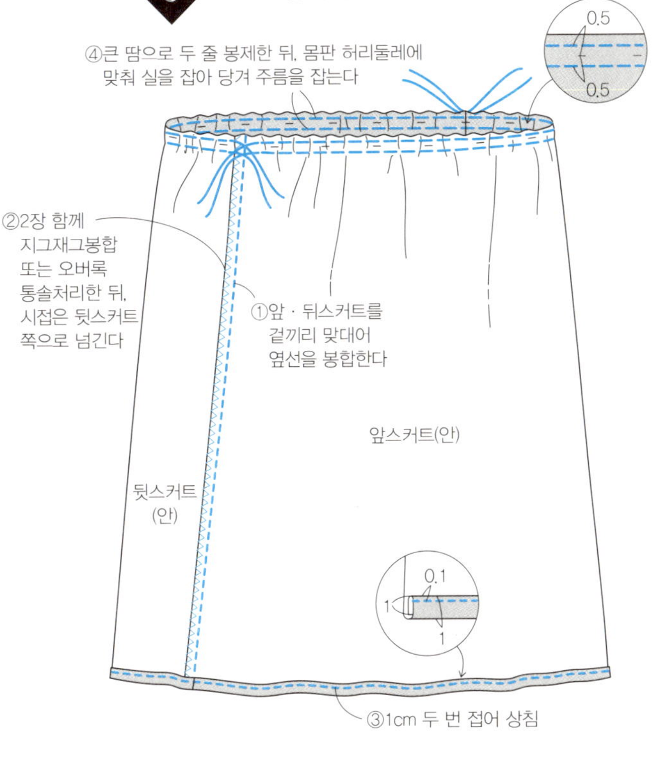

④ 큰 땀으로 두 줄 봉제한 뒤, 몸판 허리둘레에 맞춰 실을 잡아 당겨 주름을 잡는다
0.5
0.5

② 2장 함께 지그재그봉합 또는 오버록 통솔처리한 뒤, 시접은 뒷스커트 쪽으로 넘긴다

① 앞·뒤스커트를 겉끼리 맞대어 옆선을 봉합한다

앞스커트(안)
뒷스커트(안)

③ 1cm 두 번 접어 상침
0.1
1

---

10 몸판에 스커트를 단다

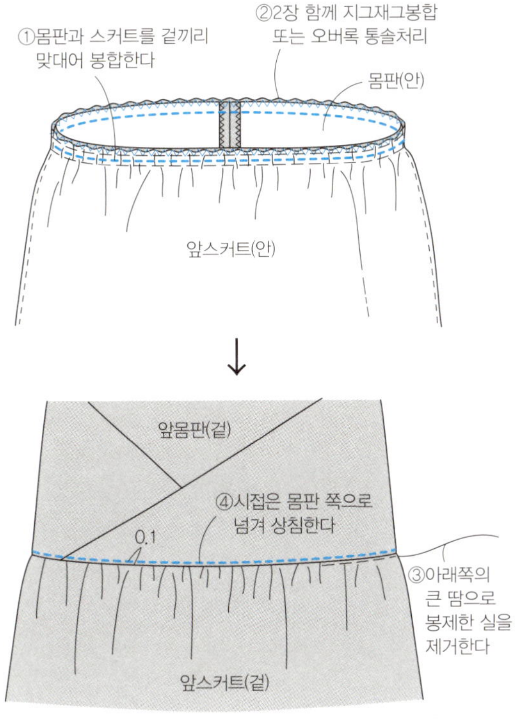

① 몸판과 스커트를 겉끼리 맞대어 봉합한다
② 2장 함께 지그재그봉합 또는 오버록 통솔처리
몸판(안)
앞스커트(안)

앞몸판(겉)
④ 시접은 몸판 쪽으로 넘겨 상침한다
0.1
③ 아래쪽의 큰 땀으로 봉제한 실을 제거한다
앞스커트(겉)

Lesson1 A 응용 블라우스
→p.6

◎ 완성사이즈(cm)

	7호	9호	11호	13호	15호
가슴둘레	96.5	100.5	104.5	108.5	113.5
옷길이	52	52	52	52	52
소매길이	40.8	41	41.2	41.4	41.7

◎ 패턴(1면)
· Lesson1 응용A : 앞윗몸판, 뒤윗몸판, 오른쪽 아래몸판, 왼쪽 아래몸판(앞쪽), 왼쪽 아래몸판(뒤쪽), 소매, 앞안단, 뒤안단

◎ 재료
· 겉감 … 리넨 150cm폭×120cm(7·9·11호) / 130cm(13·15호)
· 접착심(소잉심지) … 60cm폭×15cm
· 단춧구멍 테이프 … 1개
· 단추 … 1.3cm폭 1개

✚ 만드는 순서
1. 윗몸판의 어깨를 봉합한다. (p.18-1번 참고)
2. 윗몸판에 안단을 단다. (p.18-2번 참고)
3. 뒤윗몸판의 뒷중심을 정리한다. (p.18-3번 참고)
4. 윗몸판의 옆선을 봉합한다. (p.18-4번 참고)
5. 오른쪽·왼쪽 아래몸판의 뒷중심을 연결한다. (p.18-5번 참고)
6. 아래몸판의 밑단을 정리한 뒤, 주름을 잡는다.
7. 윗몸판과 아래몸판을 연결한다. (p.19-7번 참고)
   ※윗몸판 둘레를 0.2cm 간격으로 상침하여 마무리한다
8. 소매를 만든다. (p.19-8번 참고)
9. 몸판에 소매를 단다. (p.20-9번 참고)
10. 뒷몸판에 단춧구멍 테이프와 단추를 단다. (p.20-10번 참고)

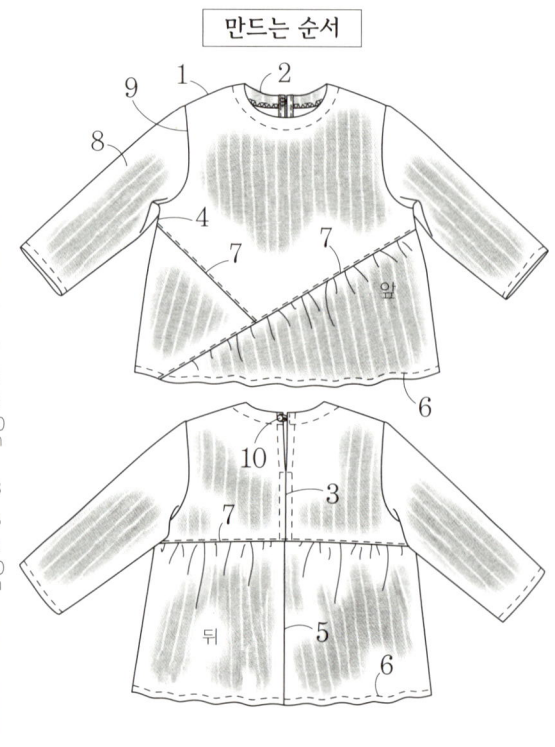
만드는 순서

재단배치도
· 지정 이외의 시접은 1cm
· ▨ 부분에 접착심(소잉심지)을 붙인다
· ∿∿ 부분에 지그재그 봉제 또는 오버록 처리한다

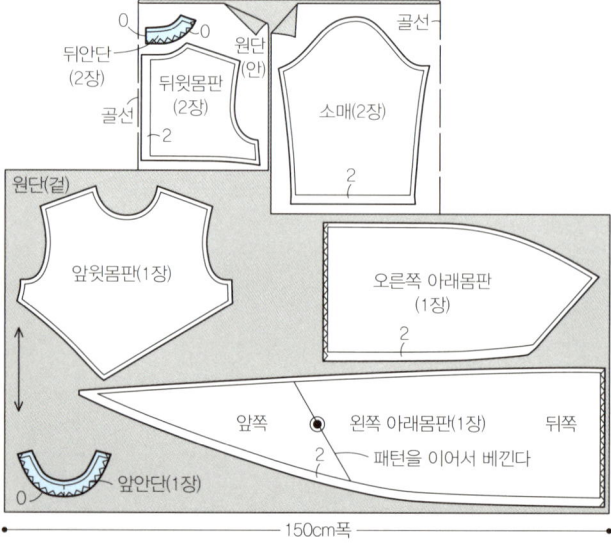

 아래몸판의 밑단을 정리한 뒤, 주름을 잡는다

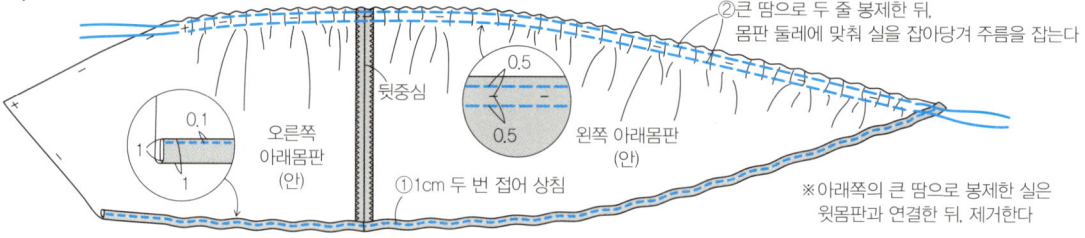

Lesson 2 기본 블라우스와 하프 서큘러 스커트

→p.8

기본 블라우스와 A원피스의 폭넓은 칼라는 올 방향이 바이어스입니다.
봉합할 때 쉽게 늘어날 수 있기 때문에 당겨서 봉합하지 않도록 주의하여 봉합합니다.

● 완성사이즈(cm)

	7호	9호	11호	13호	15호
블라우스 가슴둘레	99	103	107	111	116
블라우스 옷길이	61.5	61.5	61.5	61.5	61.5
스커트 길이	80	80	80	80	80

● 패턴(2면)

· Lesson2 기본 : 앞몸판, 뒷몸판, 칼라, 뒷트임 안단
* 앞·뒤스커트와 허리벨트, 암홀둘레 안바이어스천, 고리감은
  직접 제도하여 사용합니다.

● 재료

· 겉감 … 리넨 136cm폭×340cm(7·9·11호) / 360cm(13·15호)
         각각 재단할 경우 140cm폭×130cm(블라우스) / 240cm(스커트)
· 접착심(소잉심지) … 10cm폭×15cm
· 단추 … 1.2cm폭 1개
· 고무줄 … 3.5cm폭 적당량

✚ 블라우스 만드는 순서

1. 뒷몸판에 뒷트임 안단을 단다.
2. 뒷몸판에 고리감을 끼우고, 턱을 잡는다.
3. 몸판의 어깨를 봉합한다.
4. 칼라를 만든다.
5. 몸판에 칼라를 단다.
6. 몸판의 암홀둘레를 안바이어스 처리한다.
7. 몸판의 옆선을 봉합한다.
8. 몸판의 암홀둘레를 정리한다.
9. 몸판의 밑단을 정리한다.
10. 뒷몸판에 단추를 단다.

스커트 제도

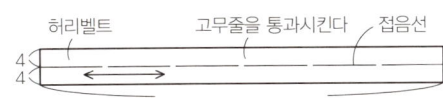

7호 91 / 9호 94 / 11호 97 / 13호 100 / 15호 105

◉ = 7호 29 / 9호 30 / 11호 31 / 13호 32 / 15호 33.5

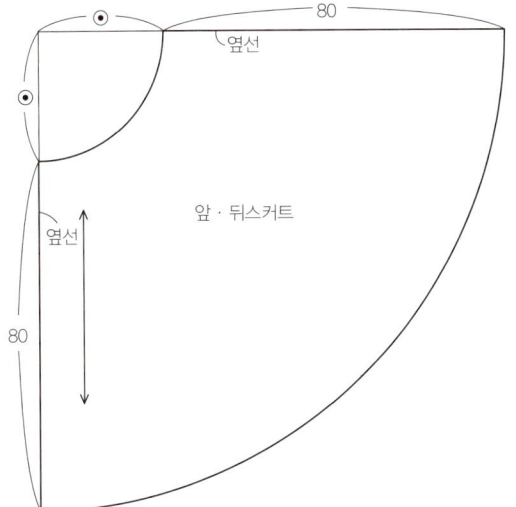

블라우스 만드는 순서

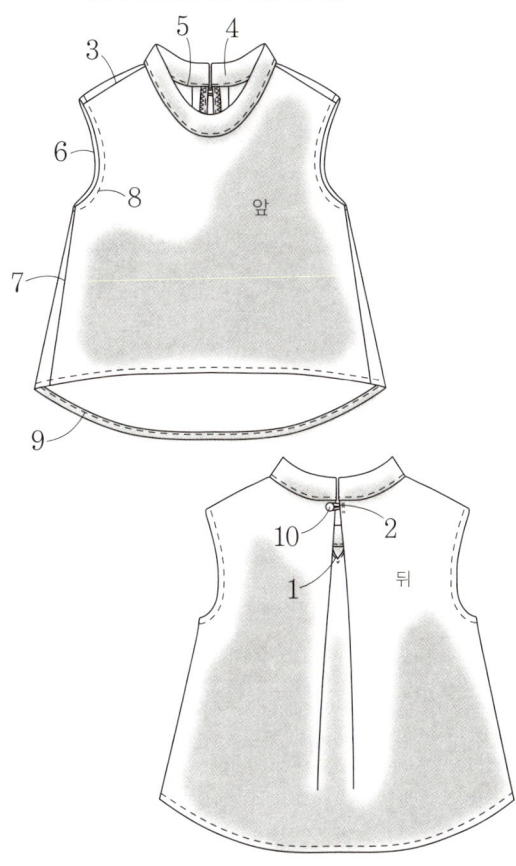

재단배치도

- 지정 이외의 시접은 1cm
- ☐ 부분에 접착심(소잉심지)을 붙인다
- ～～ 부분에 지그재그 봉제 또는 오버록 처리한다

원단(안)

골선

뒷몸판(1장)

암홀둘레 안바이어스천(2장)

칼라(1장)

고리감(1장)

앞몸판(1장)

뒷트임 안단(1장)

앞·뒤스커트(2장)

허리벨트(1장)

원단(겉)

골선

136cm폭

7·9·11호 340cm / 13·15호 360cm

---

1. 뒷몸판에 뒷트임 안단을 단다

- 뒷트임 안단(안)
- ①완성선을 그린다
- ③중심에 가윗집
- 뒷트임 안단(안)
- 뒷몸판(겉)
- 트임 끝점
- ②뒷트임 안단을 뒷몸판의 뒷중심에 맞춰 겉끼리 맞대어 봉합한다
- 뒷몸판(겉)
- 0.5
- ④가윗집
- 뒷트임 안단(안)
- 뒷몸판(안)
- 0.1
- ⑤뒷트임 안단을 겉으로 뒤집어 다림질
- ⑥겉쪽에서 상침
- 뒷트임 안단(겉)

2. 뒷몸판에 고리감을 끼우고, 턱을 잡는다

- 고리감(안)
- 0.4
- ①반으로 접고 봉합한 뒤, 실 끝은 길게 남겨둔다
- ②자른다
- 0.2
- 골선
- ③바늘구멍에 실을 통과시켜 묶은 뒤, 고리감 안으로 통과시킨다
- 고리감(겉)
- ④바늘을 꺼내어 겉으로 뒤집은 뒤, 5cm로 자른다
- ⑤턱을 잡은 뒤, 임시고정 봉합한다
- 0.8 1.2 5
- 1.5
- 뒷몸판(안)
- 3
- ⑥고리감을 턱 사이에 끼워 고정 상침한다

3. 몸판의 어깨를 봉합한다

- ①겉끼리 맞대어 봉합한다
- ②가름솔한다
- 뒷몸판(겉)
- 앞몸판(안)

4. 칼라를 만든다

- 칼라(안)
- ①접는다
- 1
- ②겉끼리 맞대어 반으로 접은 뒤, 봉합한다
- 칼라(안)
- ③겉으로 뒤집는다
- 칼라(안)
- 칼라(겉)

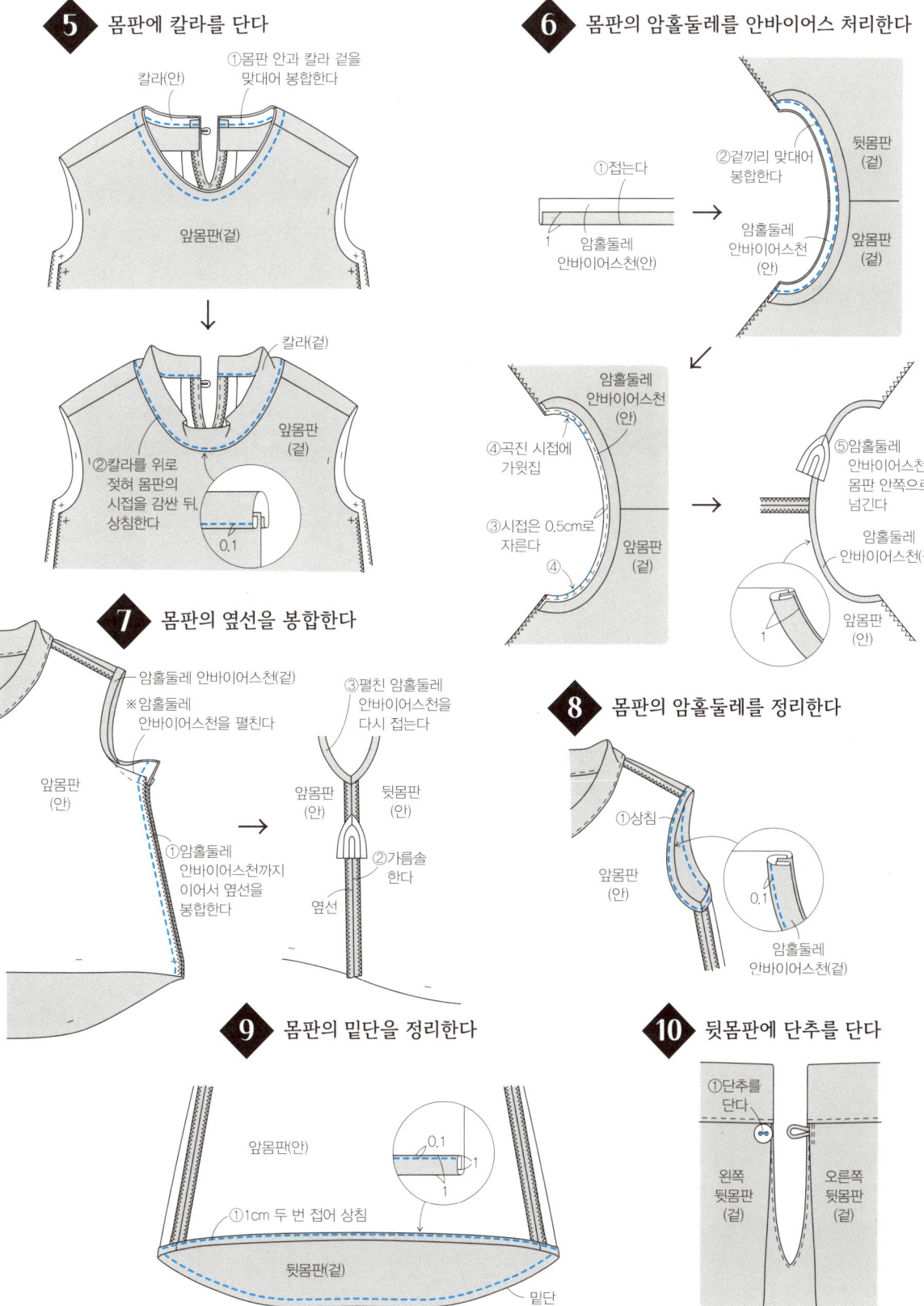

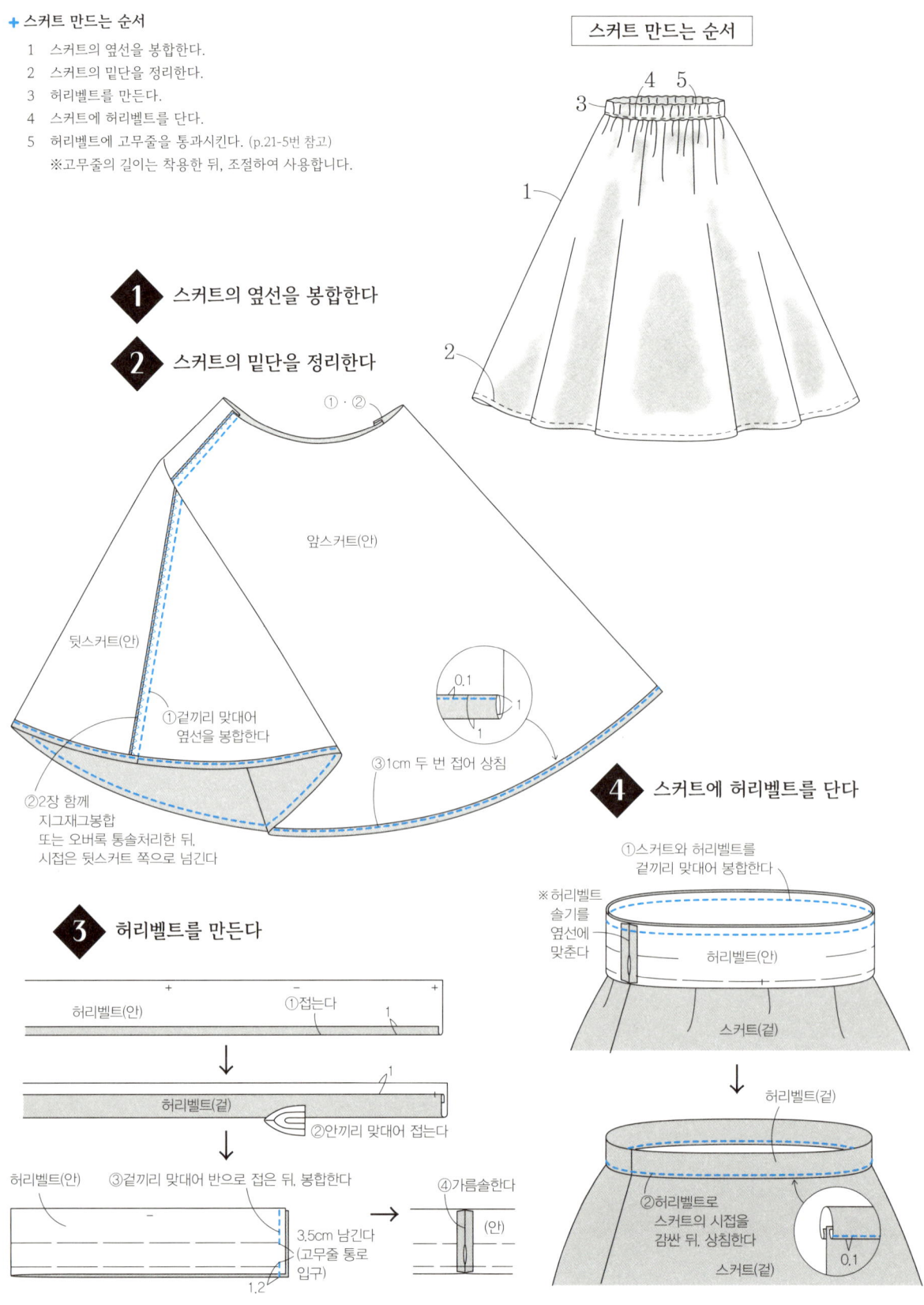

Lesson 2 B 응용   베스트와 스톨
→p.11

○ 완성사이즈(cm)

	7호	9호	11호	13호	15호
베스트 가슴둘레	99	103	107	111	116
베스트 옷길이	61.5	61.5	61.5	61.5	61.5
스톨			66 × 150		

○ 패턴(2면)
· Lesson2 응용B : 앞몸판, 뒷몸판, 앞안단, 뒤안단
* 스톨은 직접 제도하여 사용합니다.

○ 재료
· 겉감 ··· 울 헤링본 148cm폭×160cm
· 접착심(소잉심지) ··· 90cm폭×20cm
· 바이어스 테이프 ··· 1cm(완성폭)×100cm

+ 만드는 순서
1 몸판의 어깨를 봉합한다. (p.26-3번 참고)
2 몸판에 안단을 단다. (p.18-2번 참고)
3 몸판의 암홀둘레를 안바이어스 처리한다. (p.31-5번 참고)
　※안바이어스 테이프 만드는 방법은 p.30 참고합니다.
4 몸판의 옆선을 봉합한다. (p.27-7번 참고)
5 몸판의 암홀둘레를 정리한다. (p.27-8번 참고)
6 몸판의 밑단을 정리한다. (p.27-9번 참고)
7 스톨을 만든다.

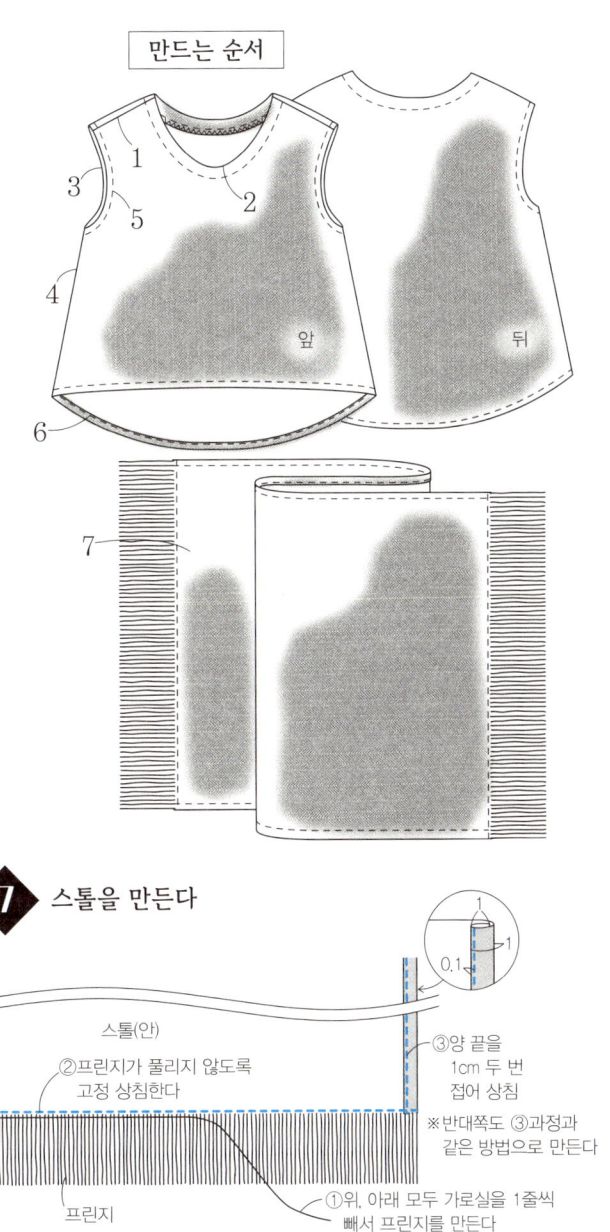

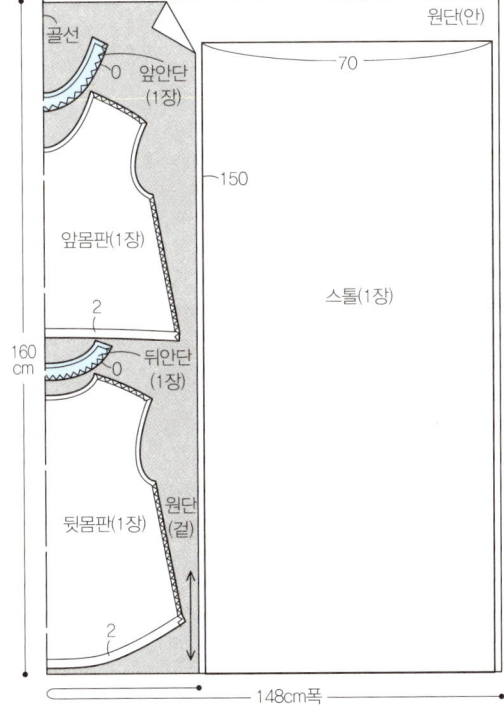

재단배치도
· 지정 이외의 시접은 1cm
· ▭ 부분에 접착심(소잉심지)을 붙인다
· ～ 부분에 지그재그 봉제 또는 오버록 처리한다

Lesson 2 A 응용 원피스

→p.10

○ 완성사이즈(cm)

	7호	9호	11호	13호	15호
가슴둘레	99	103	107	111	116
옷길이	116	116	116	116	116

○ 패턴(2면)

- Lesson2 응용A : 앞몸판(상), 앞몸판(하), 뒷몸판(상), 뒷몸판(하), 칼라

○ 재료

- 겉감 ··· 리넨 자가드 150cm폭×250cm
- 바이어스 테이프 ··· 1cm(완성폭)×100cm

+ 만드는 순서

1. 뒷몸판에 맞주름을 잡는다.
2. 몸판의 어깨를 봉합한다. (p.26-3번 참고)
3. 칼라를 만든다.
4. 몸판에 칼라를 단다.
5. 몸판의 암홀둘레를 안바이어스 처리한다.
6. 몸판의 옆선을 봉합한다. (p.27-7번 참고)
7. 몸판의 암홀둘레를 정리한다. (p.27-8번 참고)
8. 몸판의 밑단을 정리한다. (p.27-9번 참고)
   ※밑단 시접은 1cm/1.5cm 두 번 접는다.

재단배치도

- 지정 이외의 시접은 1cm
- ∽∽부분에 지그재그 봉제 또는 오버록 처리한다

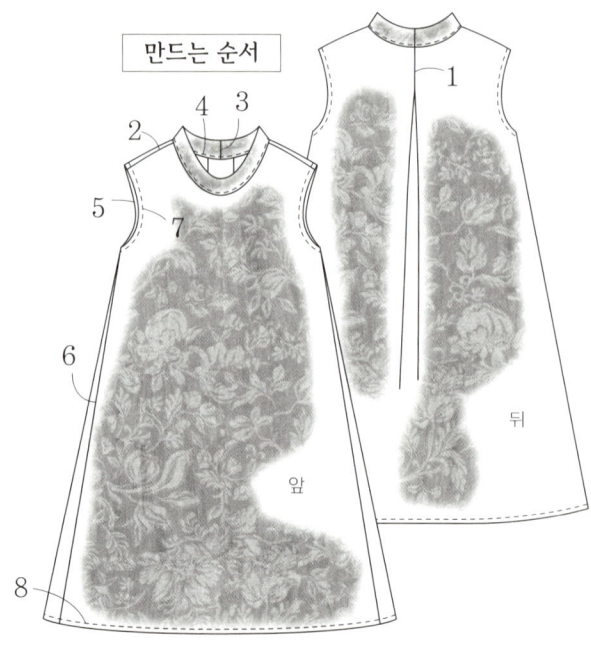

만드는 순서

안바이어스 테이프 만드는 방법

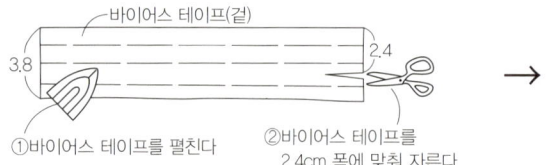

① 바이어스 테이프를 펼친다
② 바이어스 테이프를 2.4cm 폭에 맞춰 자른다

③ 2.4cm폭으로 자른 바이어스 테이프를 위, 아래 0.6cm로 접어 다려 암홀둘레 안바이어스 테이프로 만든다

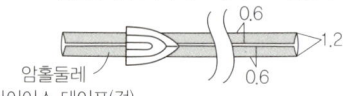

1. 뒷몸판에 맞주름을 잡는다

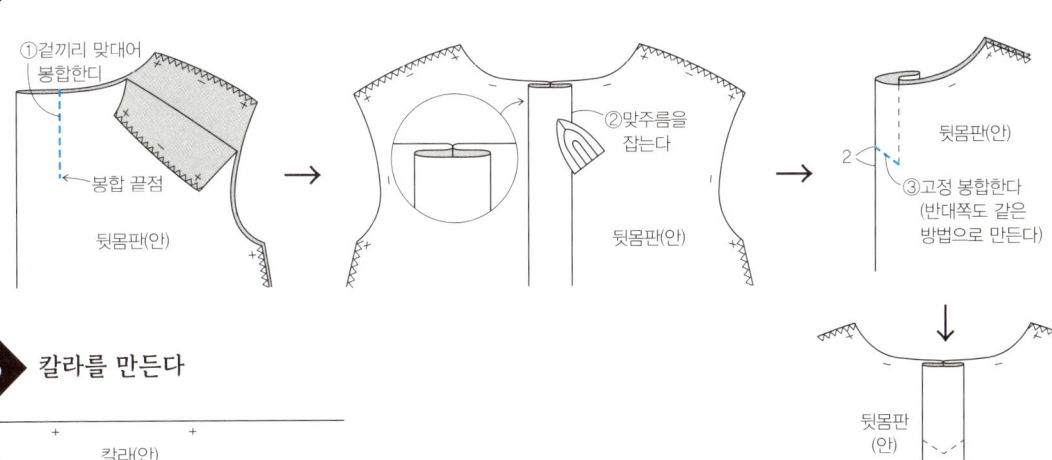

3. 칼라를 만든다

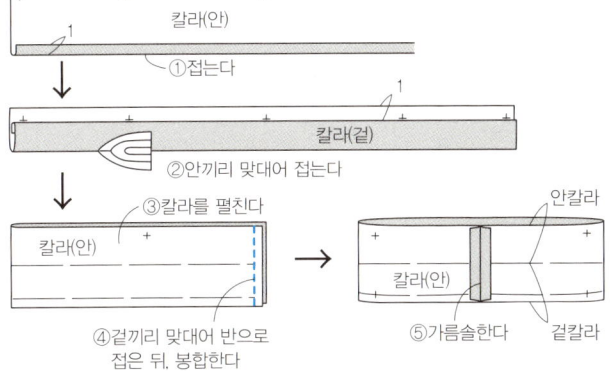

4. 몸판에 칼라를 단다

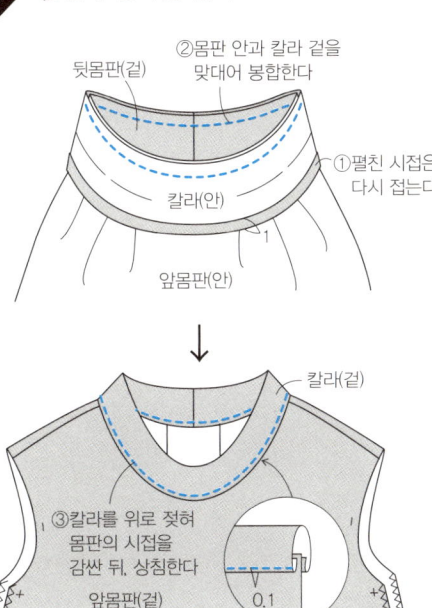

5. 몸판의 암홀둘레를 안바이어스 처리한다

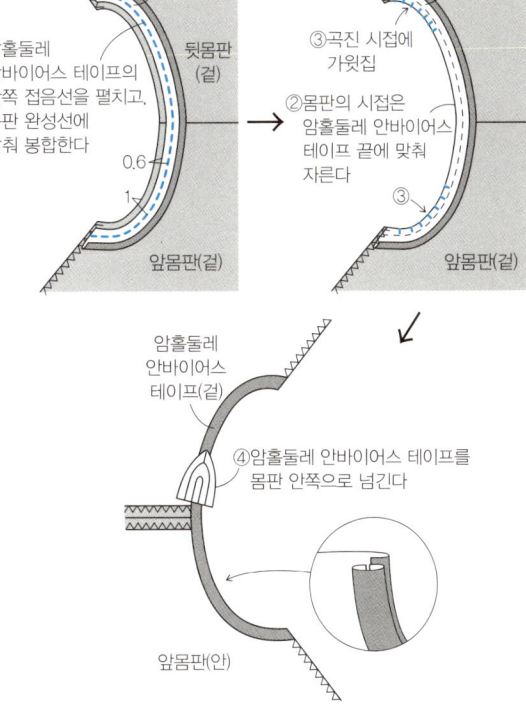

Lesson 3 기본 튜닉과 큐롯 팬츠
→p.12

튜닉은 앞몸판에 앞안단을, 뒷몸판에 뒷요크를 각각 달고 난 다음, 어깨를 봉합해야 제작 방법이 수월하고, 예쁘게 완성할 수 있습니다. 그리고 입체적인 실루엣을 위해 옆선 솔기가 없는 디자인으로 패턴을 제작했습니다.

● 완성사이즈(cm)

	7호	9호	11호	13호	15호
튜닉 가슴둘레	90	101	105	109	114
튜닉 옷길이	84.5	84.5	84.5	84.5	84.5
튜닉 소매길이	47	47	47	47	47
팬츠 엉덩이둘레	102	106	110	114	119
팬츠 길이	83	83	83	83	83

● 재료
- 겉감 … 리넨 150cm폭×280cm(7·9·11호) / 300cm(13·15호)
  각각 재단할 경우 150cm폭×150cm(튜닉) / 180cm(큐롯팬츠)
- 접착심(소잉심지) … 15cm폭×40cm
- 고무줄 … 3.5cm폭 적당량

● 패턴(2면)
- Lesson3 기본 : 앞몸판(상), 앞몸판(하), 뒷몸판(상), 뒷몸판(하), 앞안단, 뒷요크, 소매, 오른쪽·왼쪽 팬츠(앞), 오른쪽·왼쪽 팬츠(뒤), 허리벨트

✚ 튜닉 만드는 순서
1. 앞몸판의 가슴다트를 봉합한다.
2. 앞몸판에 앞안단을 단다.
3. 뒷몸판에 턱을 잡는다.
4. 뒷몸판에 뒷요크를 단다.
5. 뒷몸판의 뒷목둘레를 정리한다.
6. 앞·뒷몸판의 연결선을 연결한다.
7. 몸판의 어깨를 봉합하고, 앞목둘레를 정리한다.
8. 몸판의 밑단을 정리한다.
9. 소매를 만든다.
10. 몸판에 소매를 단다. (p.20-9번 참고)

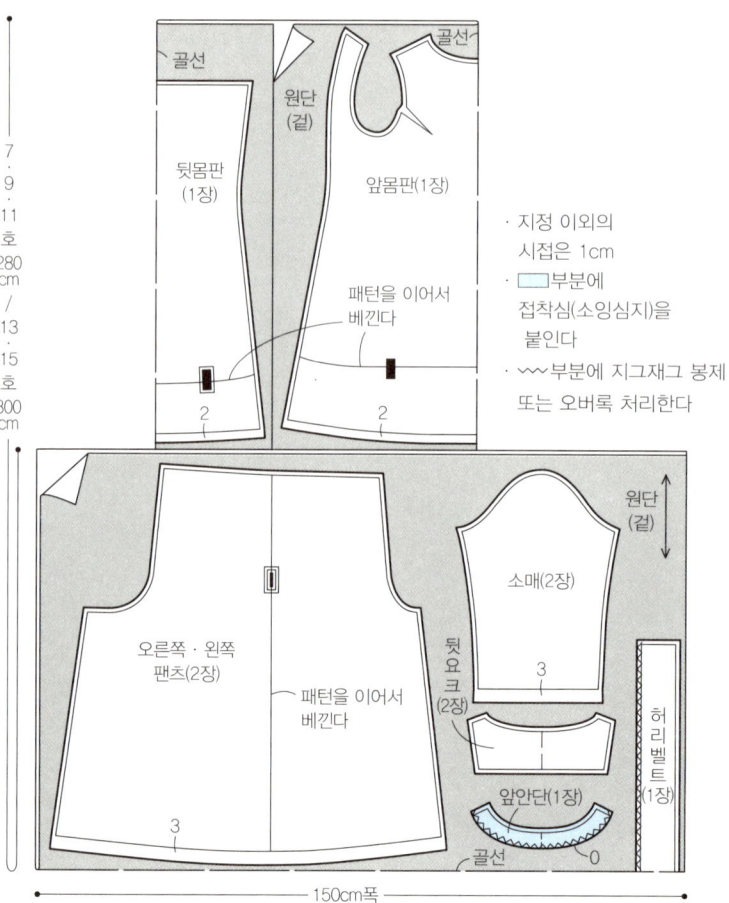

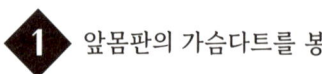

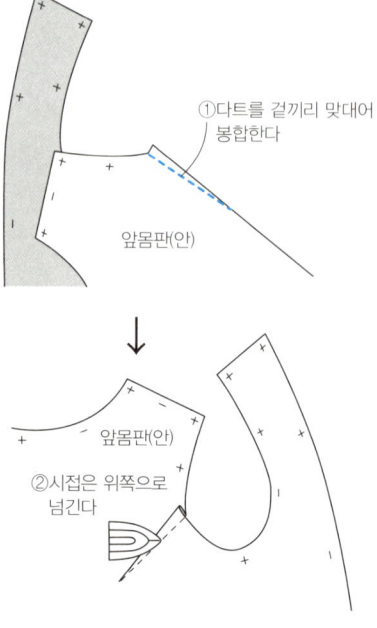

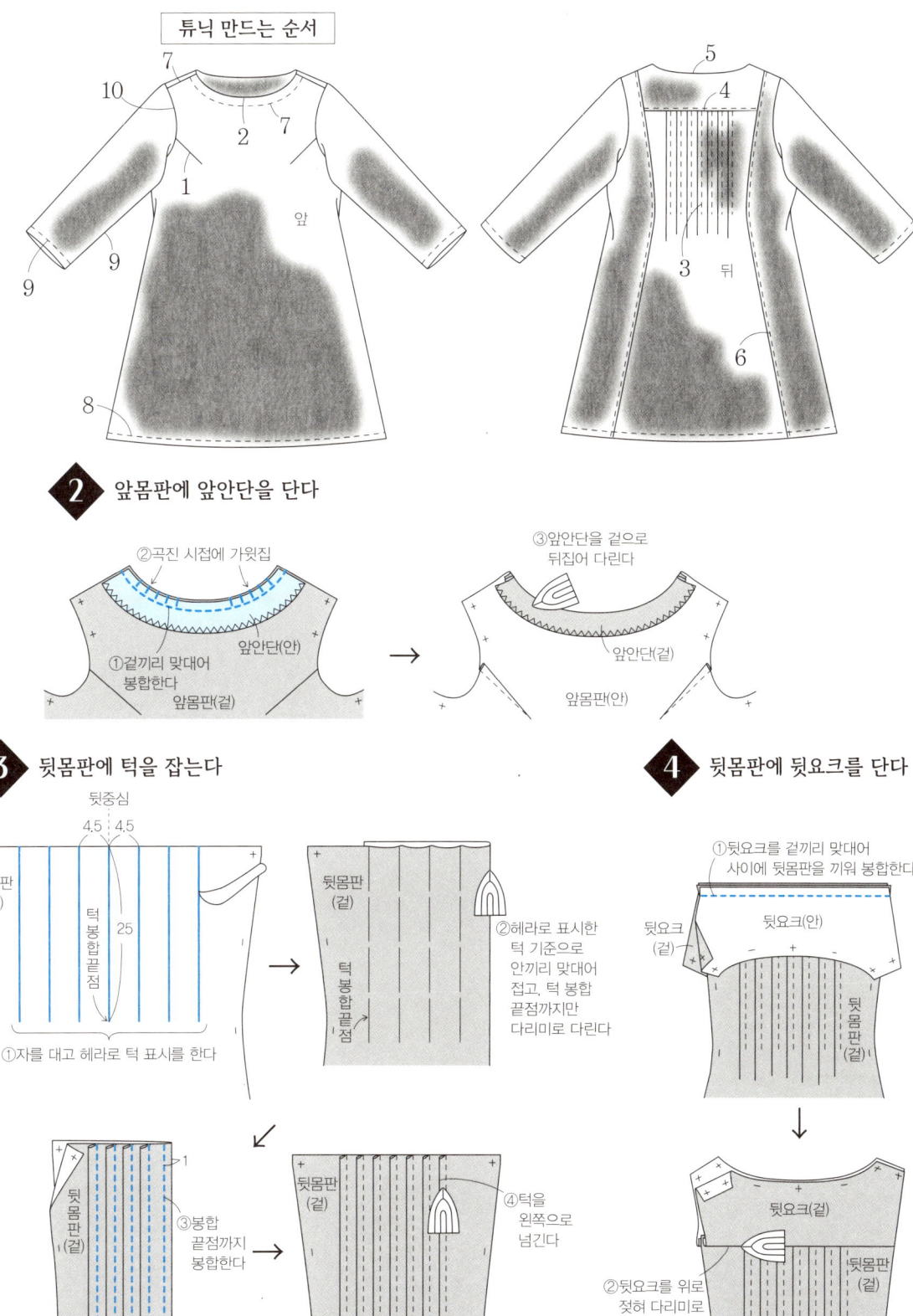

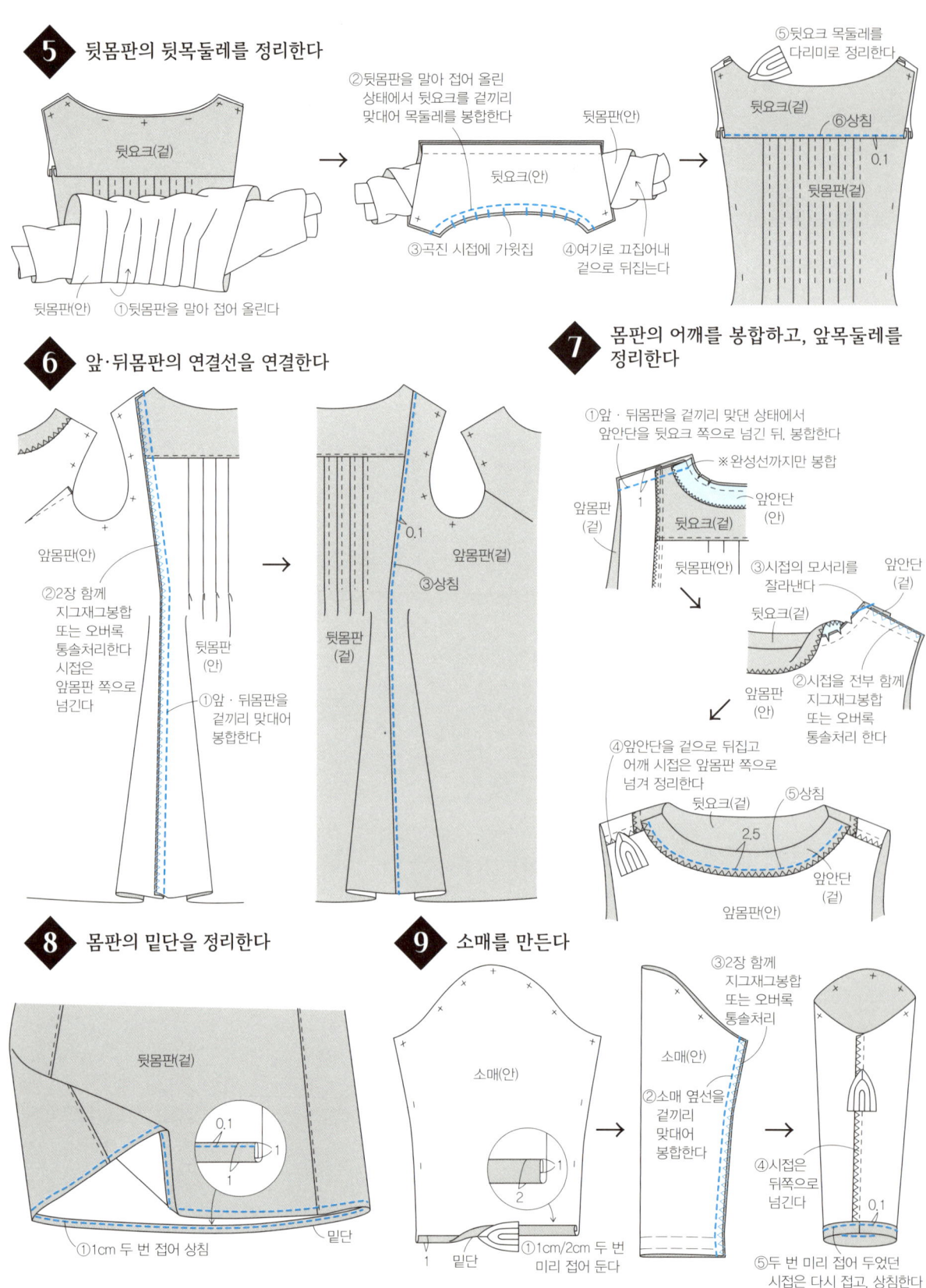

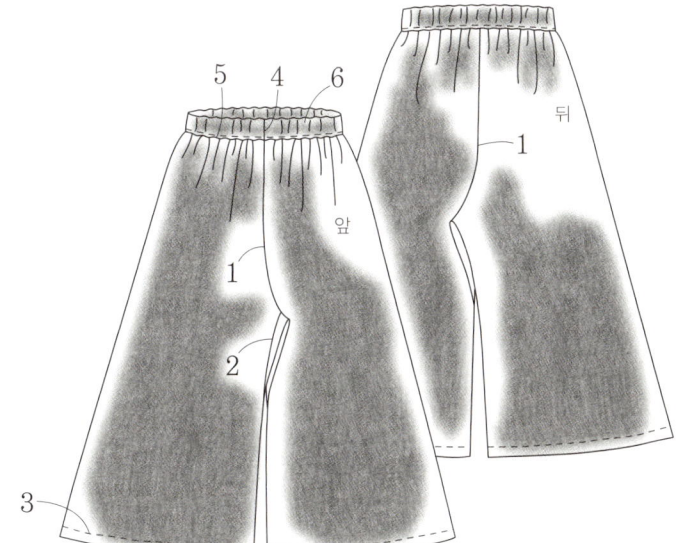

+ 큐롯 팬츠 만드는 순서

1 팬츠의 밑위둘레를 봉합한다.
2 팬츠의 밑아래둘레를 봉합한다.
3 팬츠의 밑단을 정리한다.
4 허리벨트를 만든다. (p.21-3번 참고)
5 팬츠에 허리벨트를 단다. (p.21-4번 참고)
6 허리벨트에 고무줄을 통과시킨다. (p.21-5번 참고)
※고무줄의 길이는 착용한 뒤, 조절하여 사용합니다.

큐롯 팬츠 만드는 순서
5
4
6
1
2
3
앞
뒤
1

1 팬츠의 밑위둘레를 봉합한다

①겉끼리 맞댄다
오른쪽 팬츠(안)
③2장 함께 지그재그봉합 또는 오버록 통솔처리
②뒷중심 밑위둘레를 봉합한다
④앞중심 밑위둘레를 봉합한다
⑤2장 함께 지그재그봉합 또는 오버록 통솔처리
왼쪽 팬츠(안)

2 팬츠의 밑아래둘레를 봉합한다

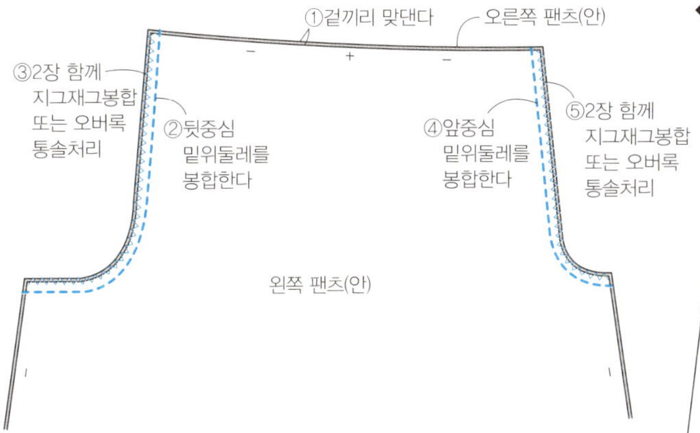

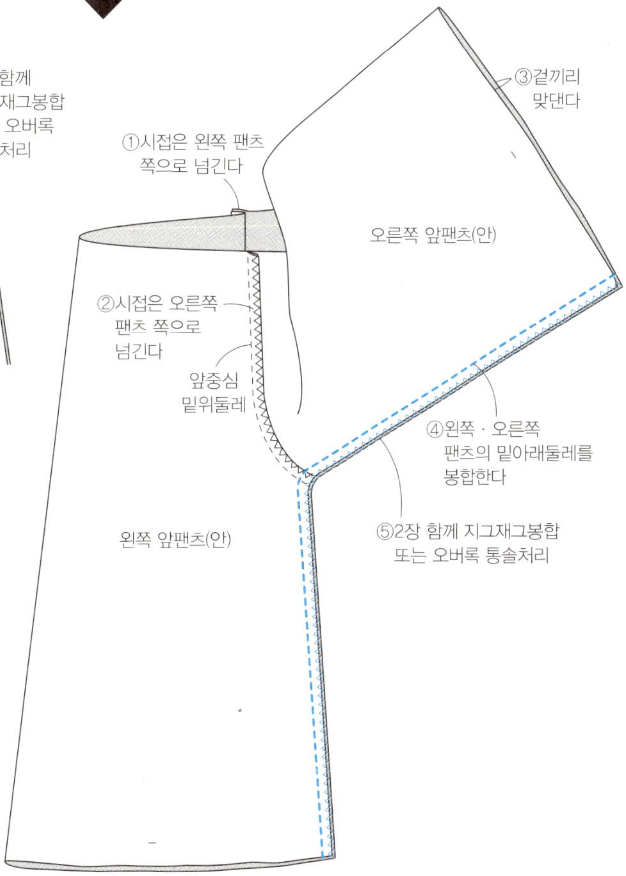

③겉끼리 맞댄다
①시접은 왼쪽 팬츠 쪽으로 넘긴다
오른쪽 앞팬츠(안)
②시접은 오른쪽 팬츠 쪽으로 넘긴다
앞중심 밑위둘레
④왼쪽 · 오른쪽 팬츠의 밑아래둘레를 봉합한다
⑤2장 함께 지그재그봉합 또는 오버록 통솔처리
왼쪽 앞팬츠(안)

3 팬츠의 밑단을 정리한다

①시접은 뒤쪽으로 넘긴다
밑아래둘레선
오른쪽 앞팬츠(안)
0.1
1
2
②1cm/2cm 두 번 접어 상침
밑단

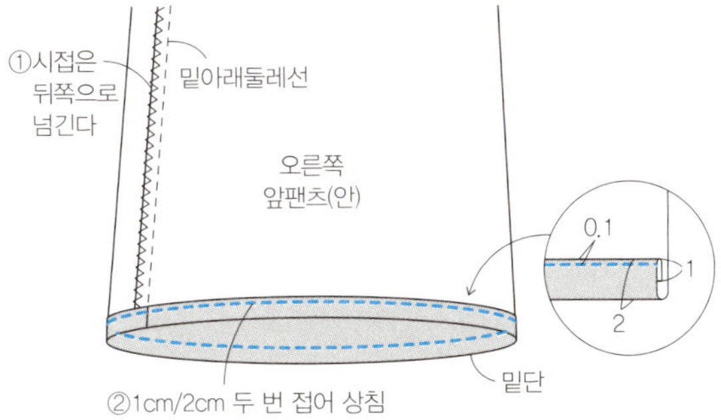

Lesson 3 A 응용 원피스

→p.14

● 완성사이즈(cm)

	7호	9호	11호	13호	15호
가슴둘레	104	115	119	123	128
옷길이	110	110	110	110	110
소매길이	44.5	44.5	44.5	44.5	44.5

● 패턴(2면)

· Lesson3 응용A : 앞몸판(상), 앞몸판(하), 뒷몸판(상), 뒷몸판(하), 앞안단, 뒷요크, 소매, 소매 밑단 프릴감, 끈감

● 재료

· 겉감 … 리넨 150cm폭×190cm(7·9호) / 210cm(11호) / 250cm(13호) / 260cm(15호)
· 접착심(소잉심지) … 40cm폭×15cm

+ 만드는 순서

1. 앞몸판의 가슴다트를 봉합한다. (p.32-1번 참고)
2. 앞몸판에 앞안단을 단다. (p.33-2번 참고)
3. 뒷몸판에 주름을 잡는다.
4. 뒷몸판에 뒷요크를 단다. (p.33-4번 참고)
5. 뒷몸판의 뒷목둘레를 정리한다. (p.34-5번 참고)
6. 끈감을 만들어 뒷몸판에 단다.
7. 앞·뒷몸판의 연결선을 연결한다. (p.34-6번 참고)
   ※끈감 다는 곳에 맞춰 끈감을 끼운 상태에서 봉합한다.
8. 몸판의 어깨를 봉합하고, 앞목둘레를 정리한다. (p.34-7번 참고)
9. 몸판의 밑단을 정리한다. (p.34-8번 참고)
   ※밑단 시접은 1cm/2cm 두 번 접는다.
10. 소매를 만든다.
11. 몸판에 소매를 단다. (p.20-9번 참고)

재단배치도

· 지정 이외의 시접은 1cm
· ▭부분에 접착심(소잉심지)을 붙인다
· ∿∿부분에 지그재그 봉제 또는 오버록 처리한다

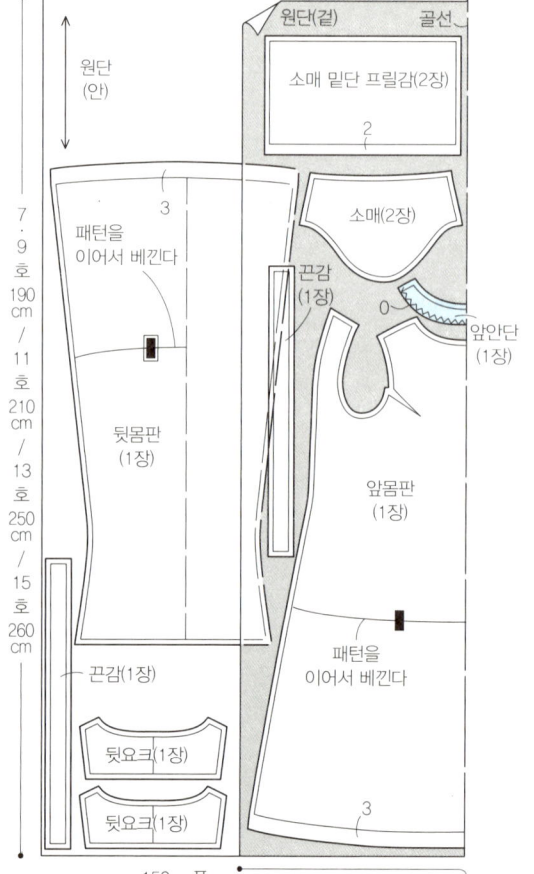

◆ 3 뒷몸판에 주름을 잡는다

①큰 땀으로 두 줄 봉제한다

②뒷요크 길이에 맞춰 실을 잡아당겨 주름을 잡는다

※아래쪽의 큰 땀으로 봉제한 실은 뒷요크와 연결한 뒤, 제거한다

만드는 순서

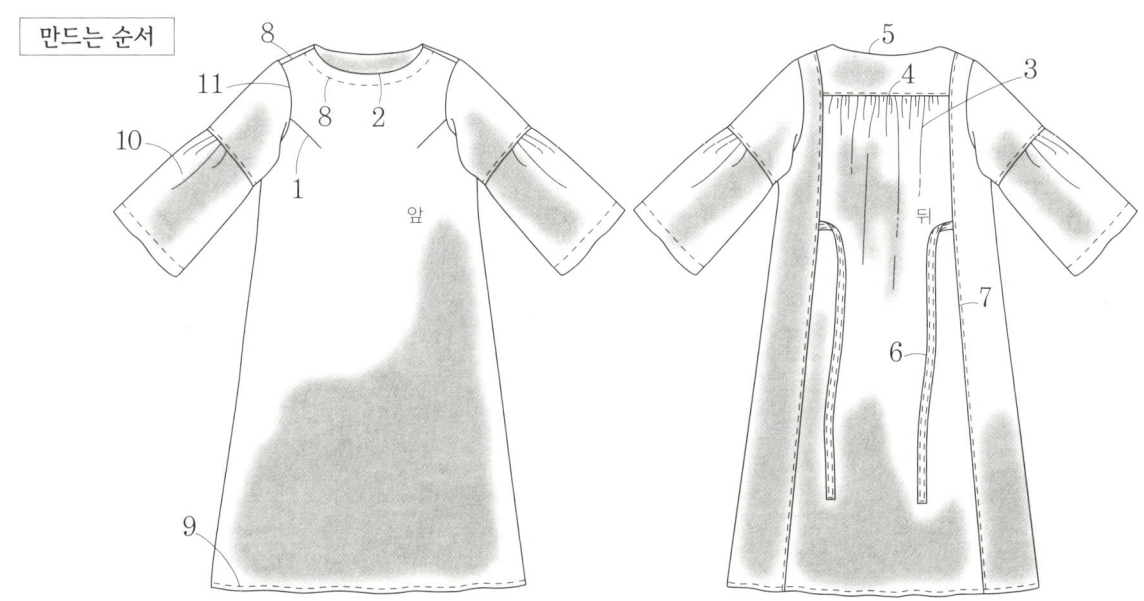

6 끈감을 만들어 뒷몸판에 단다

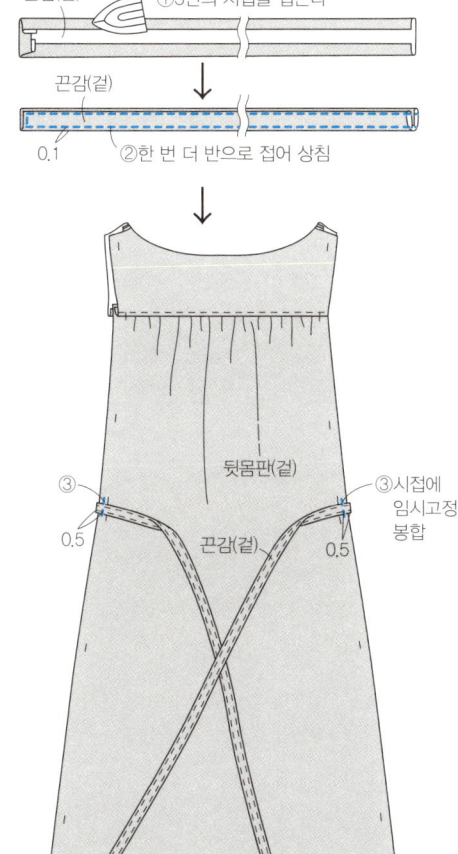

10 소매를 만든다

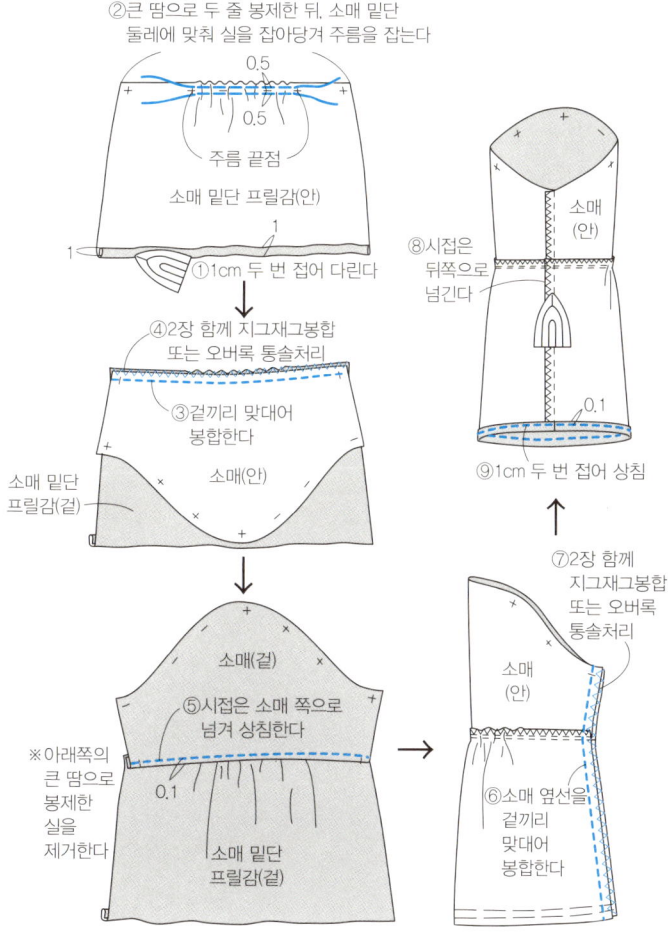

Lesson 3 B 응용 블라우스
→p.15

○ 완성사이즈(cm)

	7호	9호	11호	13호	15호
가슴둘레	90	101	105	109	114
옷길이	60	60	60	60	60
소매길이	47	47	47	47	47

○ 패턴(2면)
· Lesson3 응용B : 앞몸판, 앞안단, 뒷몸판, 뒷요크, 소매

○ 재료
· 겉감 … 리넨 132cm폭×130cm(7·9·11호) / 150cm(13·15호)
· 접착심(소잉심지) … 40cm폭×15cm

+ 만드는 순서
1. 앞몸판의 가슴다트를 봉합한다. (p.32-1번 참고)
2. 앞몸판에 앞안단을 단다. (p.33-2번 참고)
3. 뒷몸판에 뒷요크를 단다. (p.33-4번 참고)
4. 뒷몸판의 뒷목둘레를 정리한다. (p.34-5번 참고)
5. 앞·뒤몸판의 연결선을 연결한다. (p.34-6번 참고)
6. 몸판의 어깨를 봉합하고, 앞목둘레를 정리한다. (p.34-7번 참고)
7. 몸판의 밑단을 정리한다. (p.34-8번 참고)
8. 소매를 만든다. (p.34-9번 참고)
9. 몸판에 소매를 단다. (p.20-9번 참고)

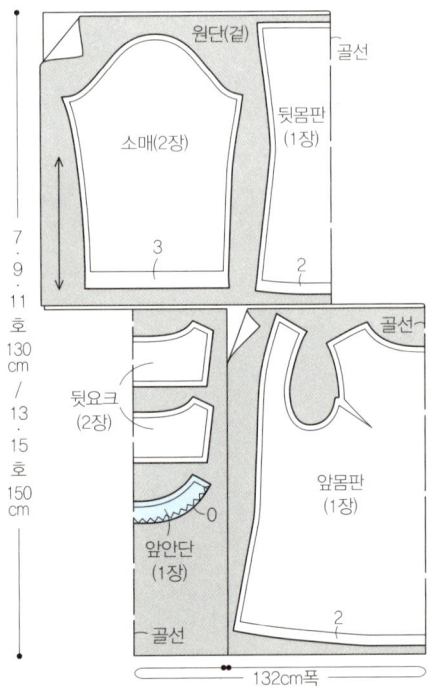

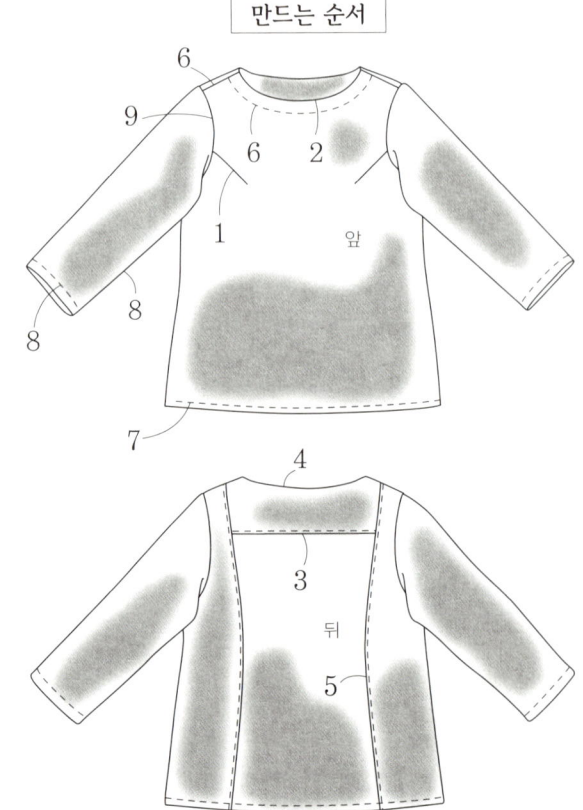

Lesson 4 B 응용 코트

→p.45

완성사이즈(cm)

	7호	9호	11호	13호	15호
가슴둘레	133	138	142	146	151
옷길이	109	109	109	109	109
뒷중심에서부터 소매 밑단까지의 길이	74	75	76	77	78

재료

- **겉감** ··· 리넨 145cm폭×270cm(7·9·11호) /280cm(13·15호)
- **리넨 테이프** ··· 2cm폭×50cm
- **단춧구멍 테이프** ··· 7개
- **단추** ··· 1.5cm폭 7개

재단배치도 · 지정 이외의 시접은 1cm

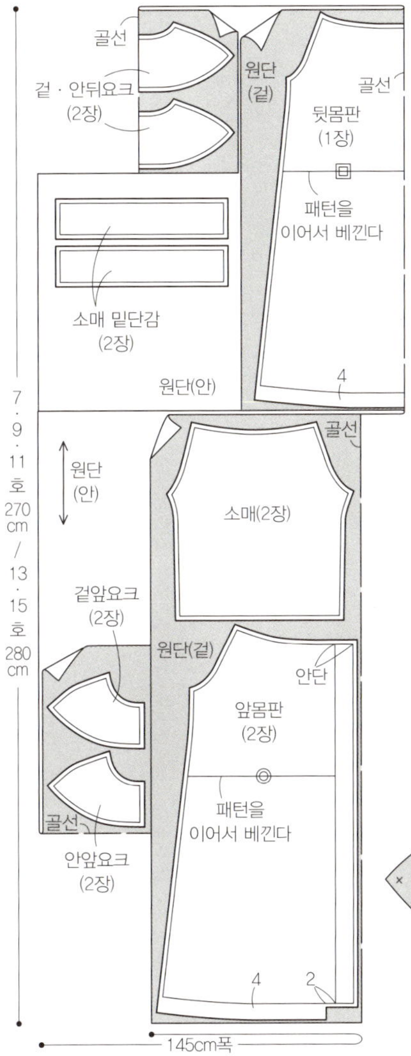

패턴(3면)

·Lesson4 응용B : 앞몸판(상), 앞몸판(하), 뒷몸판(상), 뒷몸판(하), 겉·안앞요크, 겉·안뒤요크, 소매, 소매 밑단감

+ 만드는 순서

1. 앞요크에 단춧구멍 테이프를 단다.
2. 요크의 어깨를 봉합한다. (p.58-2번 참고)
3. 요크를 만든다.
4. 앞몸판의 앞끝을 정리한다.
5. 몸판의 옆선을 봉합한다. (p.58-4번 참고)
6. 몸판의 밑단을 정리한다. (p.58-5번 참고)
   ※밑단 시접은 1cm/3cm 두 번 접는다.
7. 소매를 만든다.
8. 몸판에 소매를 단다. (p.59-7번 참고)
9. 몸판의 목둘레에 주름을 잡는다. (p.59-8번 참고)
10. 몸판과 요크를 연결한다.
11. 단춧구멍 테이프 위치에 맞춰 요크와 몸판에 단추를 단다. (p.59-10번 참고)

만드는 순서

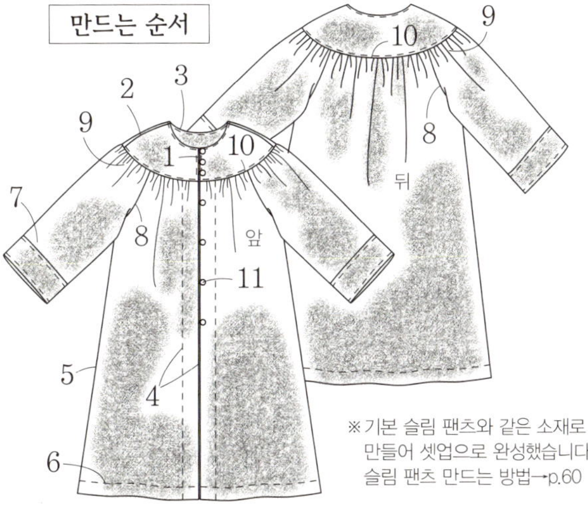

※기본 슬림 팬츠와 같은 소재로 만들어 셋업으로 완성했습니다. 슬림 팬츠 만드는 방법→p.60

1 앞요크에 단춧구멍 테이프를 단다

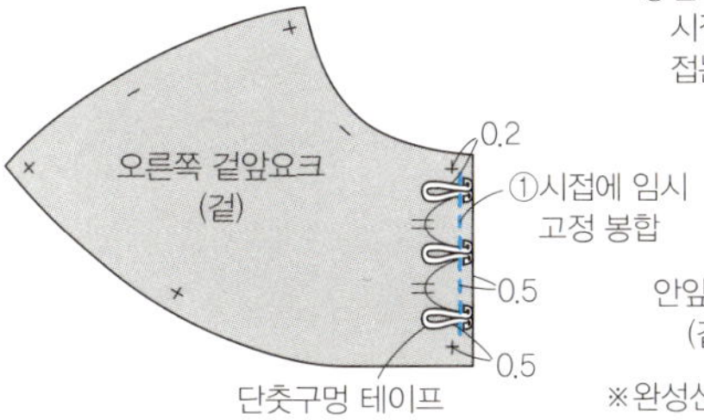

3 요크를 만든다

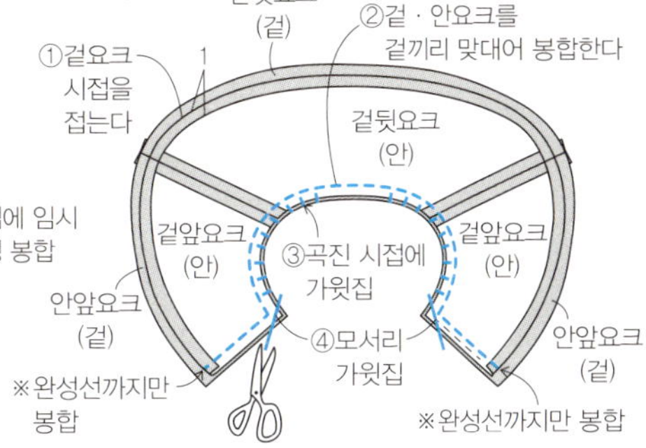

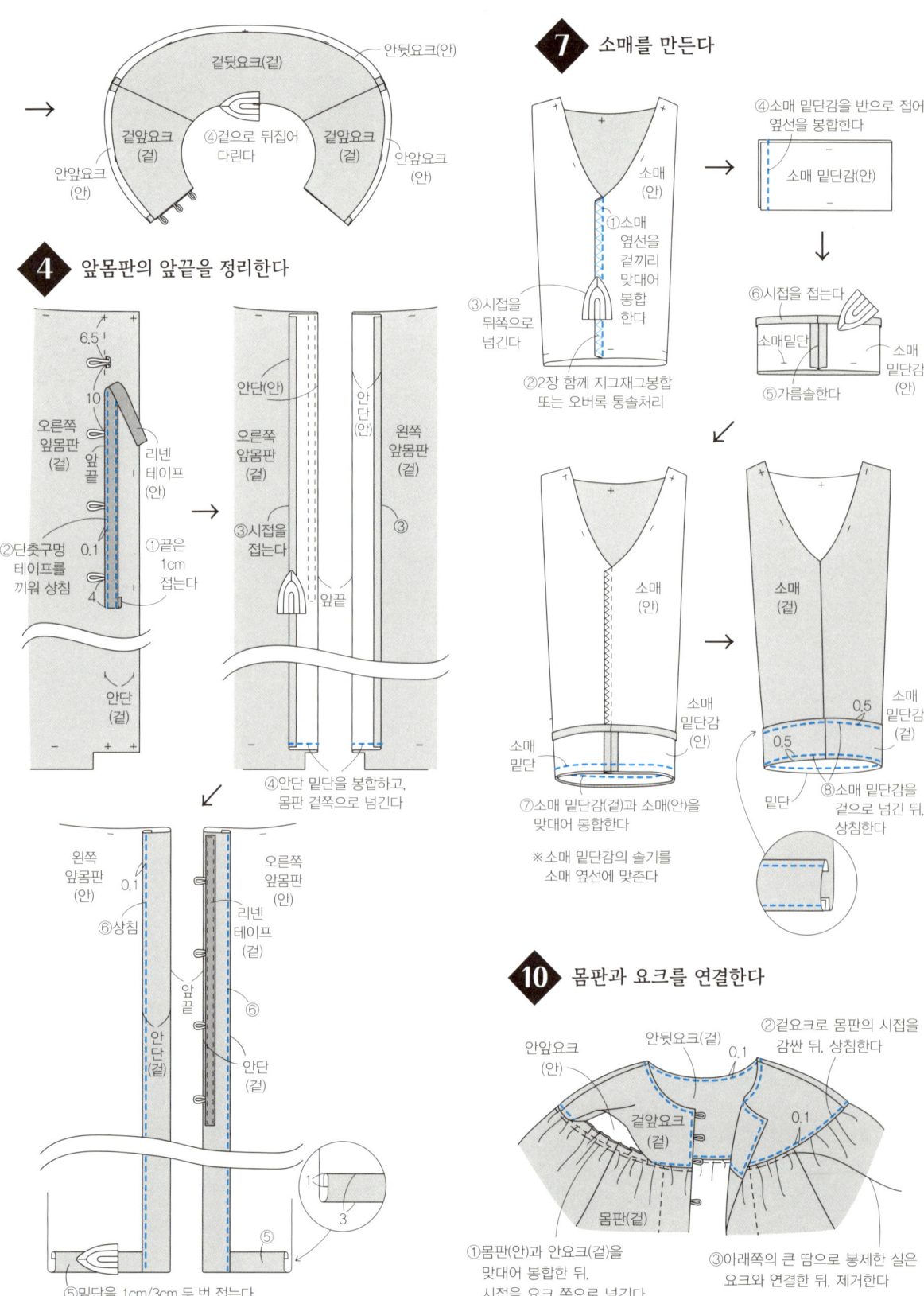

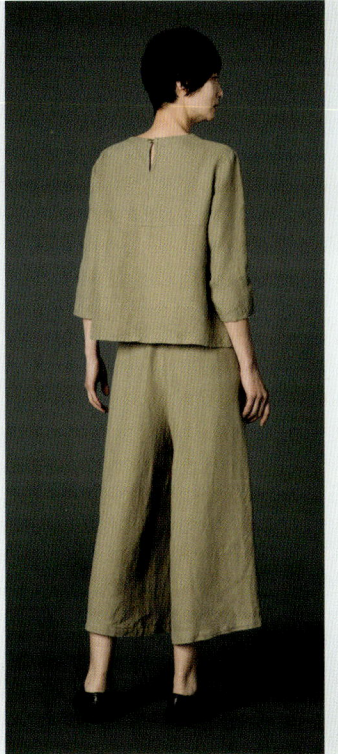

Lesson 4

요크에 주름이 풍성한
블라우스와 슬림 팬츠

Lesson 4 기본

어깨와 앞, 뒤 요크에 모두 주름을 잡은 블라우스입니다.
성가대 제복 같은 클래시컬한 분위기가 신선한 느낌을 주는 아이템입니다.
슬림 팬츠와 코디하여 깔끔한 밸런스의 셋업을 완성했습니다. →p.57

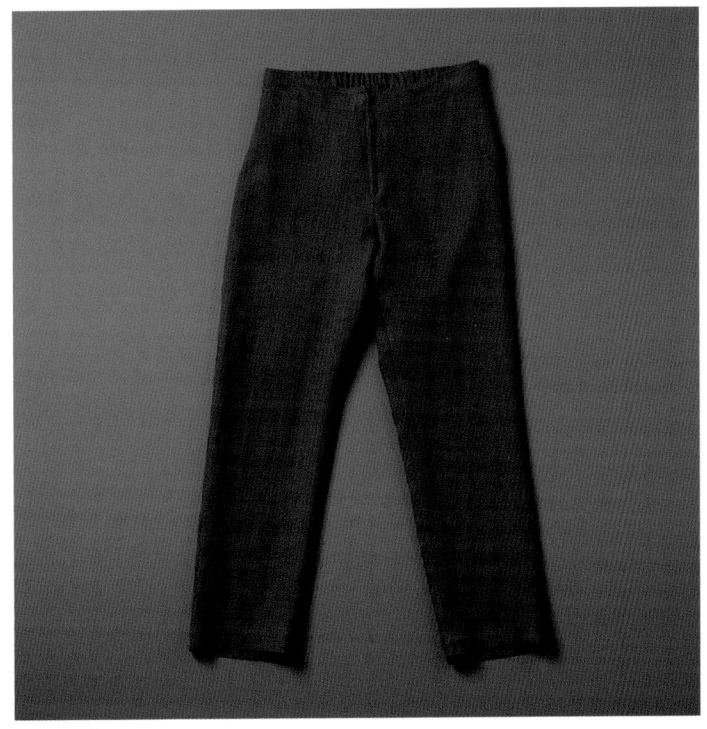

Lesson 4 　A 응용

기본 블라우스의 기장에서 길이를 연장하여 원피스로 만들었습니다. 리넨 소재를 아낌없이 사용하여 풍성한 주름의 볼륨감 있는 실루엣으로 만들었습니다. 소매 밑단에는 고무줄을 넣어 퍼프 슬리브처럼 연출했습니다. →p.62

Lesson 4 B

기본 블라우스의 기장에서 길이를 연장하고, 앞중심에 단추와 단춧고리를 달아 롱 코트로 만들었습니다. Lesson4 슬림 팬츠를 같은 원단으로 만들어 코트와 셋업으로 코디해 보세요. →p.39

Lesson 4 **coordinate**

Lesson 4 기본

Lesson 4 A 응용

Lesson 4 B 응용

Lesson 4 기본

Lesson 5

다양하게 코디할 수 있는 블루종,
리버시블 베스트와 배기팬츠

Lesson 5 기본

골프웨어의 스윙탑으로도 어울릴 캐주얼한 느낌의 블루종과 스트라이프 원단으로 만든 배기팬츠입니다. 블루종과 같은 소재의 베스트는 안감에 Lesson5-A 블라우스와 동일한 원단을 사용하여 양면으로 착용할 수 있게 만들었습니다. →p.63

Lesson 5 A 응용

기본 블루종에서 앞여밈을 없애고, 소매는 가볍게 떨어지는 일자 형태로 변형한 스탠드칼라 리넨 블라우스입니다. 넉넉한 실루엣의 오버사이즈 블라우스로 편안하게 즐겨 보세요. →p.72

Lesson 5 B 응용

기본 블루종의 기장에서 길이를 연장하여 만든 원피스입니다. 헨리넥 칼라를 달아 깔끔한 느낌의 아이템입니다. 두께감 있는 고급스러운 리넨 소재를 사용하면 사계절 내내 즐기실 수 있습니다. →p.70

Lesson 5 **coordinate**

Lesson 5 기본

Lesson 5 A 응용 + Lesson 5 기본

Lesson 5 기본 + Lesson 5 B 응용

Lesson 5 기본

Lesson 6

맞주름 블라우스와
맞주름 스커트

Lesson 6 기본

맞주름 장식이 포인트인 멋스러운 스타일의 블라우스와 스커트입니다. 블라우스는 목 둘레의 맞주름이 자연스레 떨어지는 여유로운 핏으로 완성했으며, 스커트도 허리에 맞주름을 잡고, 고무줄을 넣어 더욱 풍성한 실루엣으로 연출했습니다. →p.73

Lesson 6 A 응용   Lesson 6 B 응용

A, B 모두 기본 블라우스에서 몸판과 소매의 길이를 늘려 변형시킨 긴소매 원피스입니다. A원피스는 기본 디자인과 동일하게 맞주름을 안쪽에서 접고, B원피스는 맞주름을 겉쪽에서 접어 상침했습니다. 맞주름의 접는 방향만으로도 달라지는 디테일에 따라 다양하게 즐겨보세요. A원피스는 리넨 자가드, B원피스는 튼튼하게 짜여진 리넨으로 만들었습니다. 6A →p.78, 6B →p.77

Lesson 4 기본 블라우스와 슬림 팬츠

→p.42

안요크도 같은 원단으로 사용하기 때문에 뒷트임이 깔끔하며,
요크 아래 주름은 전체적으로 균등하게 넣어야 이쁘게 완성됩니다.

○ **완성사이즈(cm)**

	7호	9호	11호	13호	15호
블라우스 가슴둘레	133	138	142	146	151
블라우스 옷길이	68	68	68	68	68
블라우스 뒷중심에서부터 소매 밑단까지의 길이	66	67	68	69	70
팬츠 허리둘레	71	75	79	83	88
팬츠 엉덩이둘레	93	97	101	105	111
팬츠 길이	87	87.5	88	88.5	89

○ **패턴(3면)**

· Lesson4 기본 : 앞몸판, 뒷몸판, 겉·안앞요크, 겉·안뒤요크, 소매, 앞팬츠, 뒤팬츠, 겉·안앞허리벨트(오른쪽·왼쪽), 뒤허리벨트

○ **재료**

- 겉감 … 리넨 132cm폭×300cm(7·9호) / 310cm(11호) / 320cm(13호) / 330cm(15호)
  각각 재단할 경우 132cm폭×200cm(블라우스) / 110cm(팬츠)
- 접착심(소잉심지) … 60cm폭×15cm
- 단춧구멍 테이프 … 3개
- 단추 … 1cm폭 3개
- 바지 지퍼 … 20cm길이 1개
- 소잉테이프 심지 … 1.2cm폭×50cm
- 고무줄 … 3.5cm폭×32cm(7호) / 34cm(9호) / 36cm(11호) / 38cm(13호) / 40.5cm(15호)
- 스냅 단추 … 2.2cm폭 1쌍

+ **블라우스 만드는 순서**

1. 뒷요크에 단춧구멍 테이프를 단다.
2. 요크의 어깨를 봉합한다.
3. 요크의 목둘레와 뒷트임을 정리한다.
4. 몸판의 옆선을 봉합한다.
5. 몸판의 밑단을 정리한다.
6. 소매를 만든다.
7. 몸판에 소매를 단다.
8. 몸판의 목둘레에 주름을 잡는다.
9. 몸판에 요크를 연결한다.
10. 단춧구멍 테이프 위치에 맞춰 요크에 단추를 단다.

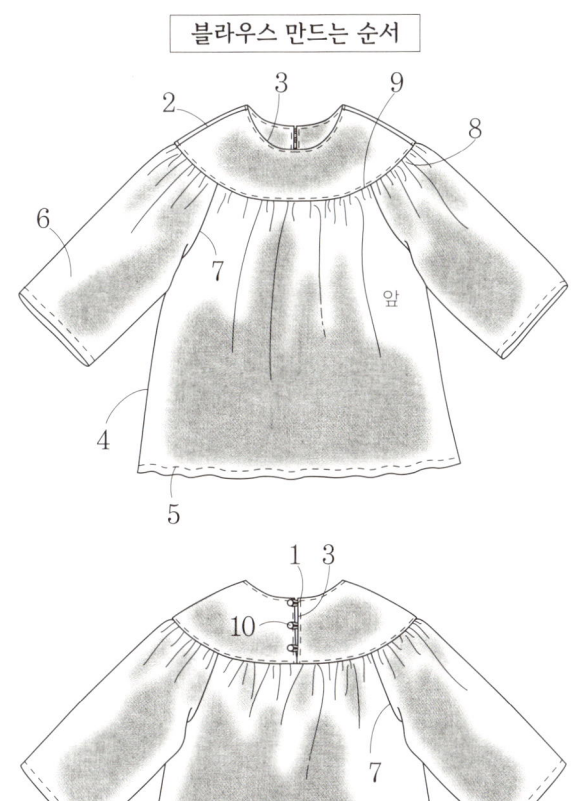

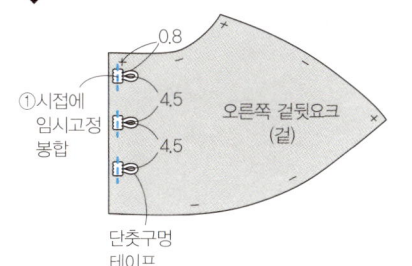

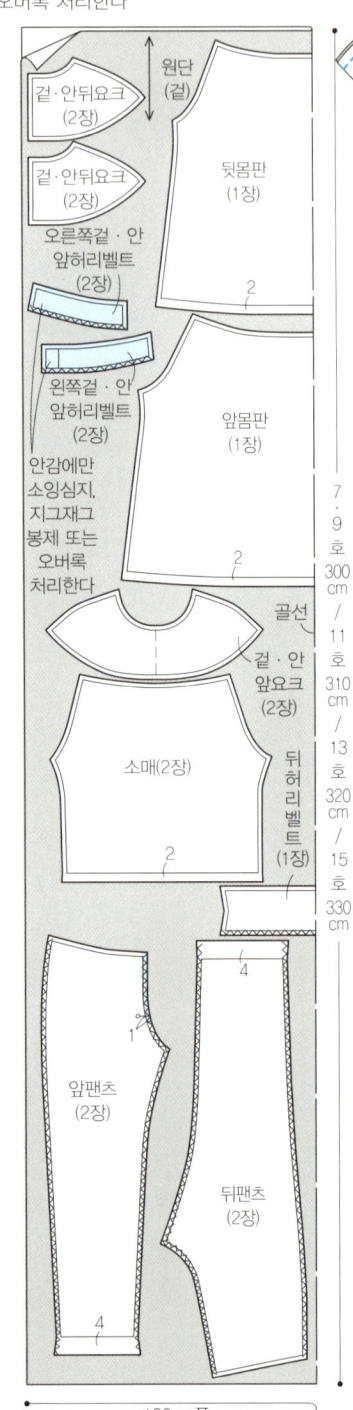
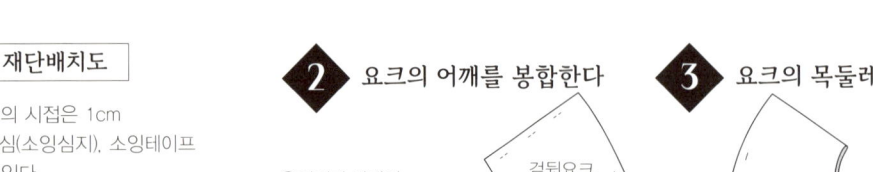

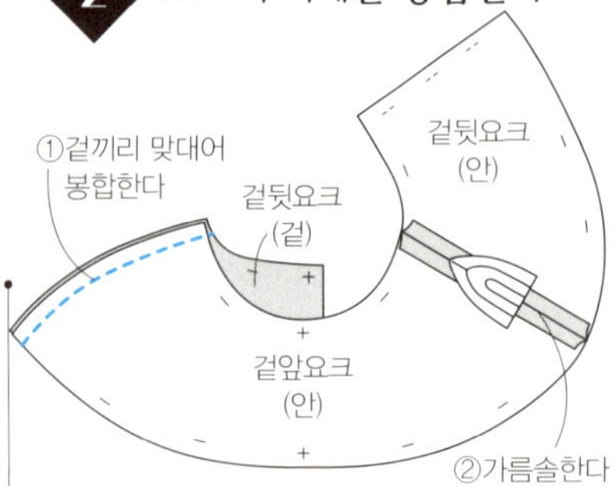

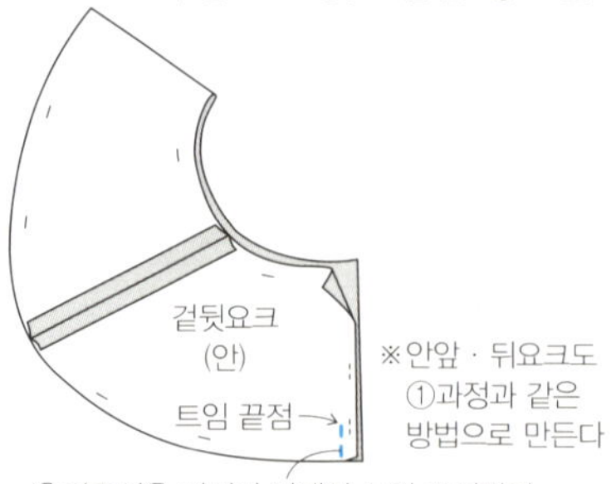

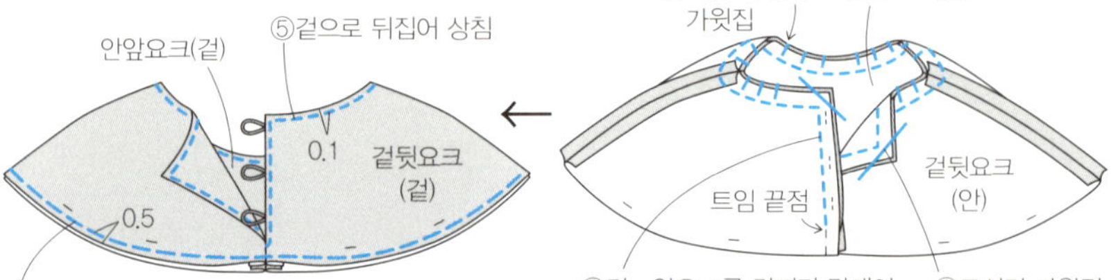

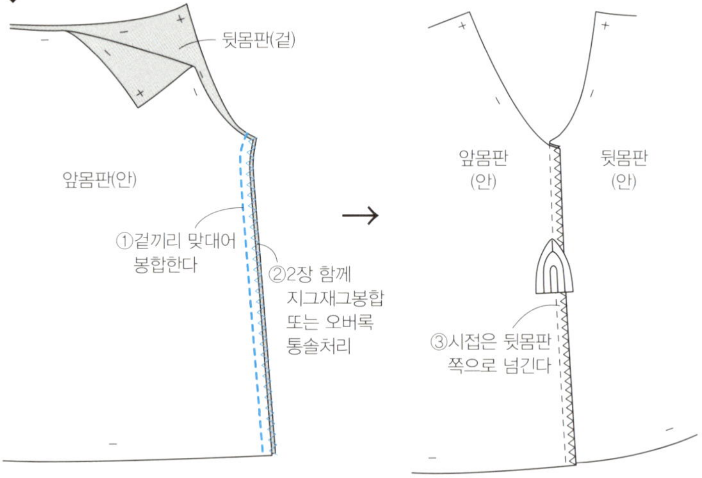

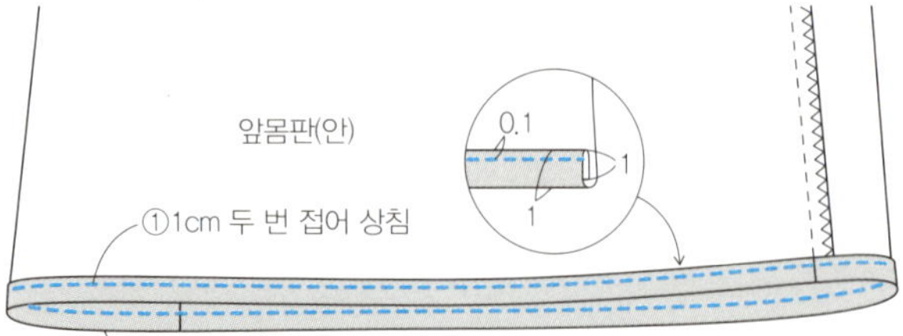

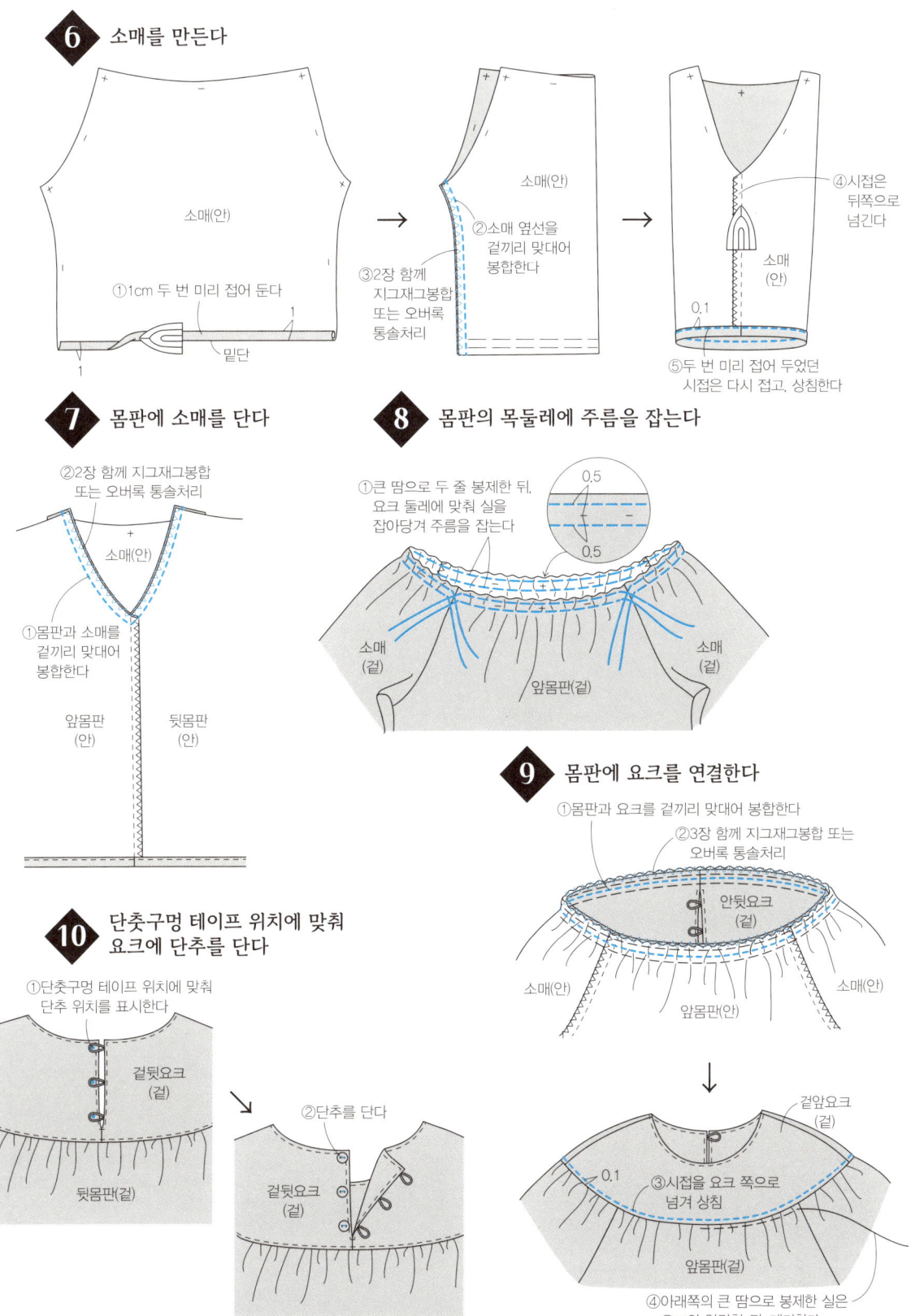

+ **팬츠 만드는 순서**

1. 팬츠의 옆선을 봉합한다.
2. 팬츠의 밑아래둘레를 봉합한다.
3. 팬츠의 밑위둘레를 봉합하고, 지퍼를 단다.
4. 허리벨트를 만든다.
5. 팬츠에 허리벨트를 달고, 고무줄을 통과시킨다.
6. 팬츠의 밑단을 정리한다.
7. 허리벨트에 스냅 단추를 단다.

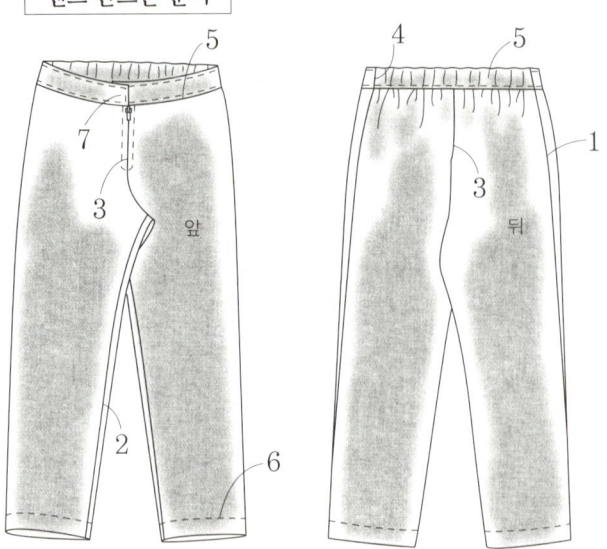

 팬츠의 옆선을 봉합한다

 팬츠의 밑아래둘레를 봉합한다

 팬츠의 밑위둘레를 봉합하고, 지퍼를 단다

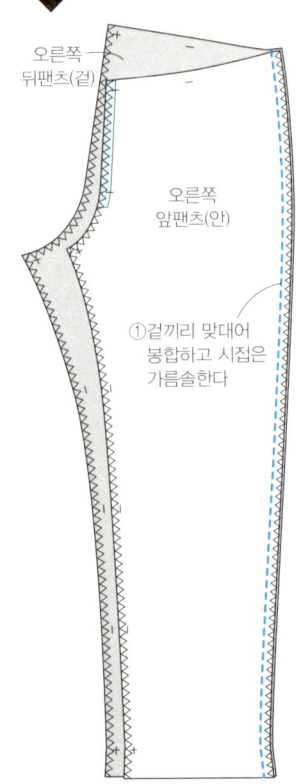

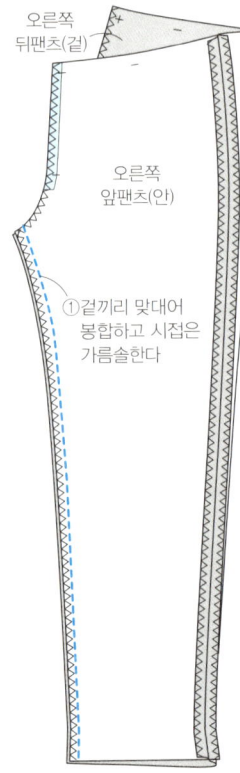

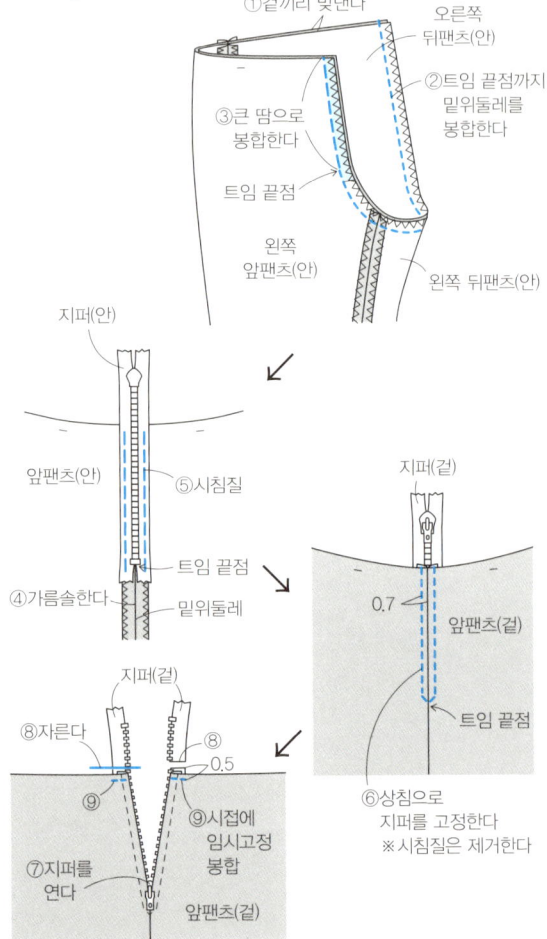

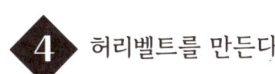

4 허리벨트를 만든다

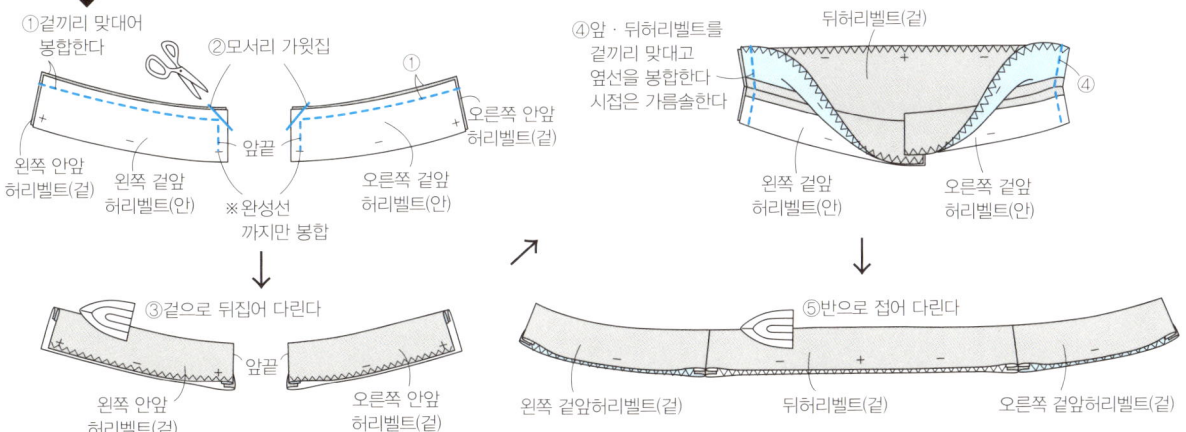

5 팬츠에 허리벨트를 달고, 고무줄을 통과시킨다

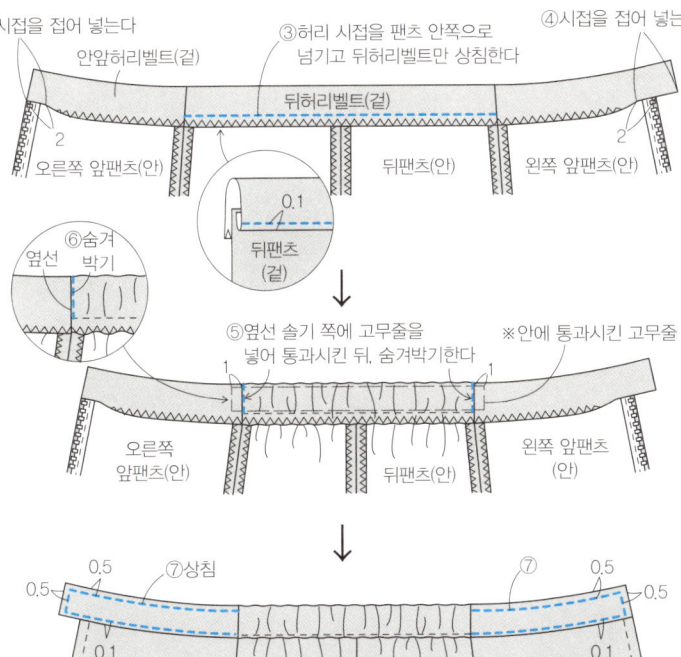

6 팬츠의 밑단을 정리한다

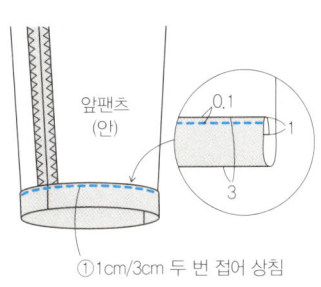

7 허리벨트에 스냅 단추를 단다

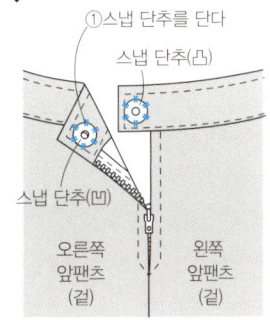

Lesson 4 A 응용 원피스

→p.44

○ 완성사이즈(cm)

	7호	9호	11호	13호	15호
가슴둘레	133	138	142	146	151
옷길이	109	109	109	109	109
뒷중심에서부터 소매 밑단까지의 길이	70	71	72	73	74

○ 패턴(3면)

· Lesson4 응용A : 앞몸판(상), 앞몸판(하), 뒷몸판(상), 뒷몸판(하), 겉·안뒤요크, 소매, 소매 밑단감

○ 재료

· 겉감 ··· 리넨 140cm폭×260cm(7·9·11호) / 280cm(13·15호)
· 고무줄 ··· 3.5cm폭×26cm 2개(7호) / 27cm 2개(9호) / 28cm 2개(11호) / 28cm 2개(13호) / 30.5cm 2개(15호)
· 단춧구멍 테이프 ··· 3개
· 단추 ··· 1cm폭 3개

+ 만드는 순서

1. 뒷요크에 단춧구멍 테이프를 단다. (p.57-1 참고)
2. 요크의 어깨를 봉합한다. (p.58-2 참고)
3. 요크의 목둘레와 뒷트임을 정리한다. (p.58-3 참고)
4. 몸판의 옆선을 봉합한다. (p.58-4 참고)
5. 몸판의 밑단을 정리한다. (p.58-5 참고)
   ※밑단 시접은 1cm/3cm 두 번 접는다.
6. 소매를 만든다.
7. 몸판에 소매를 단다. (p.59-7 참고)
8. 몸판의 목둘레에 주름을 잡는다. (p.59-8 참고)
9. 몸판에 요크를 연결한다. (p.59-9 참고)
10. 단춧구멍 테이프 위치에 맞춰 요크에 단추를 단다. (p.59-10 참고)
11. 소매 밑단에 고무줄을 통과시킨다. (p.21-5 참고)

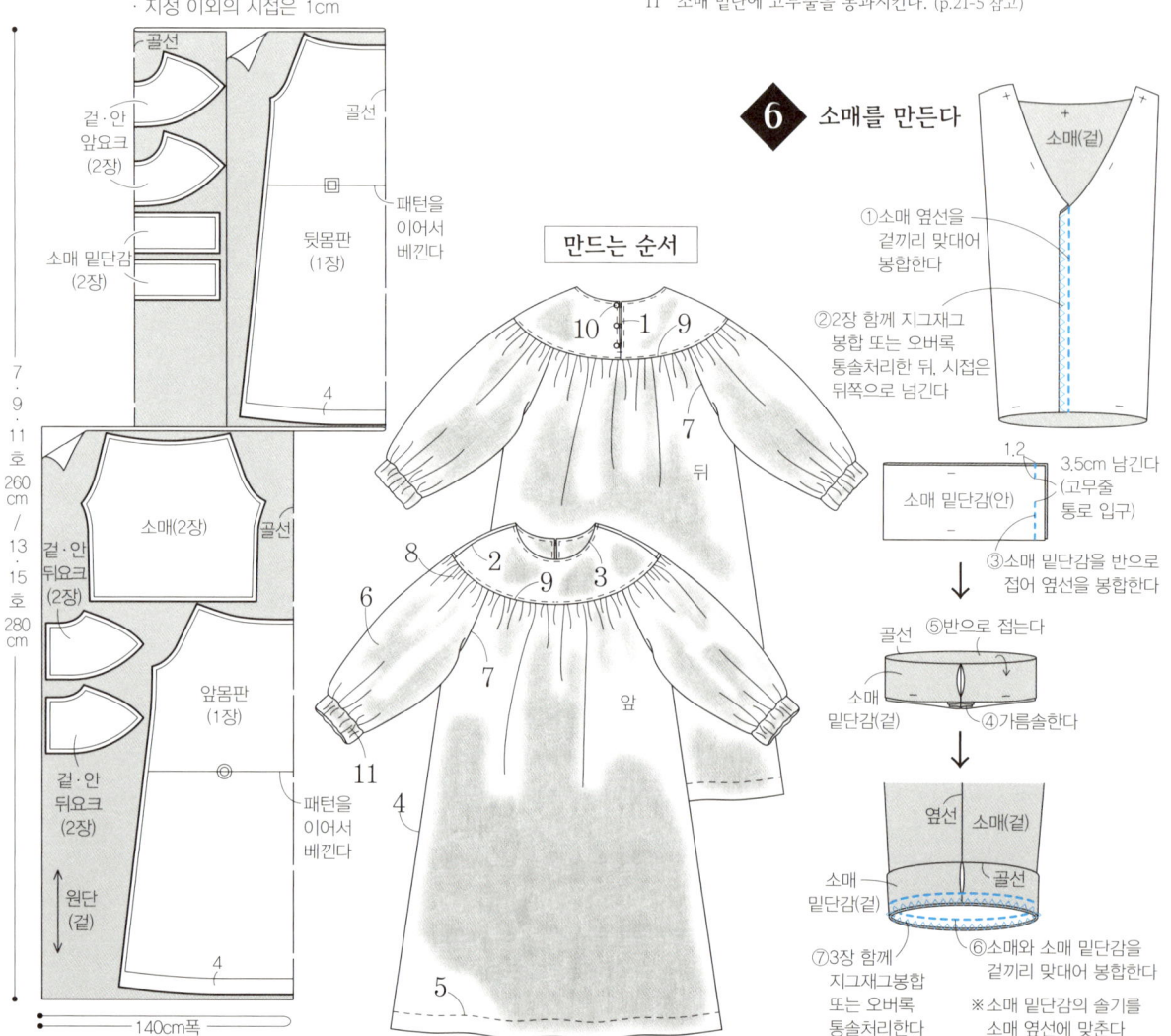

Lesson 5 기본 블루종

→p.48

앞끝에 앞여밈감을 달아 여밈을 간단하게 처리하였습니다.
주머니를 간단하게 다는 방법으로 주머니 입구를 잘라낸 뒤, 주머니를 달아 상침하였습니다.

○ 완성사이즈(cm)

	7호	9호	11호	13호	15호
가슴둘레	112	116	120	124	129
옷길이	61	61	61	61	61
뒷중심에서부터 소매 밑단까지의 길이	77	77.5	78	78.5	79.5

○ 패턴(4면)

· Lesson5 기본 : 앞몸판, 뒷몸판, 앞여밈감, 칼라, 앞소매, 뒷소매, 커프스, 주머니A·B

○ 재료

· 겉감 ··· 리넨 150cm폭×160cm
· 주머니 안감 ··· 40cm폭×30cm
· 접착심(소잉심지) ··· 90cm폭×60cm
· 단추 ··· 1.5cm폭 2개(칼라) / 1.8cm폭 2개(커프스) / 2cm폭 4개(앞끝)

+ 만드는 순서

1. 뒷몸판에 맞주름을 잡는다.
2. 앞몸판에 주머니를 단다.
3. 앞몸판에 앞여밈감을 단다.
4. 몸판의 옆선을 봉합한다.
5. 몸판의 밑단을 정리한다.
6. 소매를 만든다.
7. 몸판에 소매를 단다.
8. 칼라를 만든다.
9. 몸판에 칼라를 단다.
10. 칼라, 커프스에 단춧구멍을 뚫고, 단추를 단다.

※앞여밈감의 단춧구멍 위치에 맞춰 왼쪽 앞몸판에 단추를 단다.

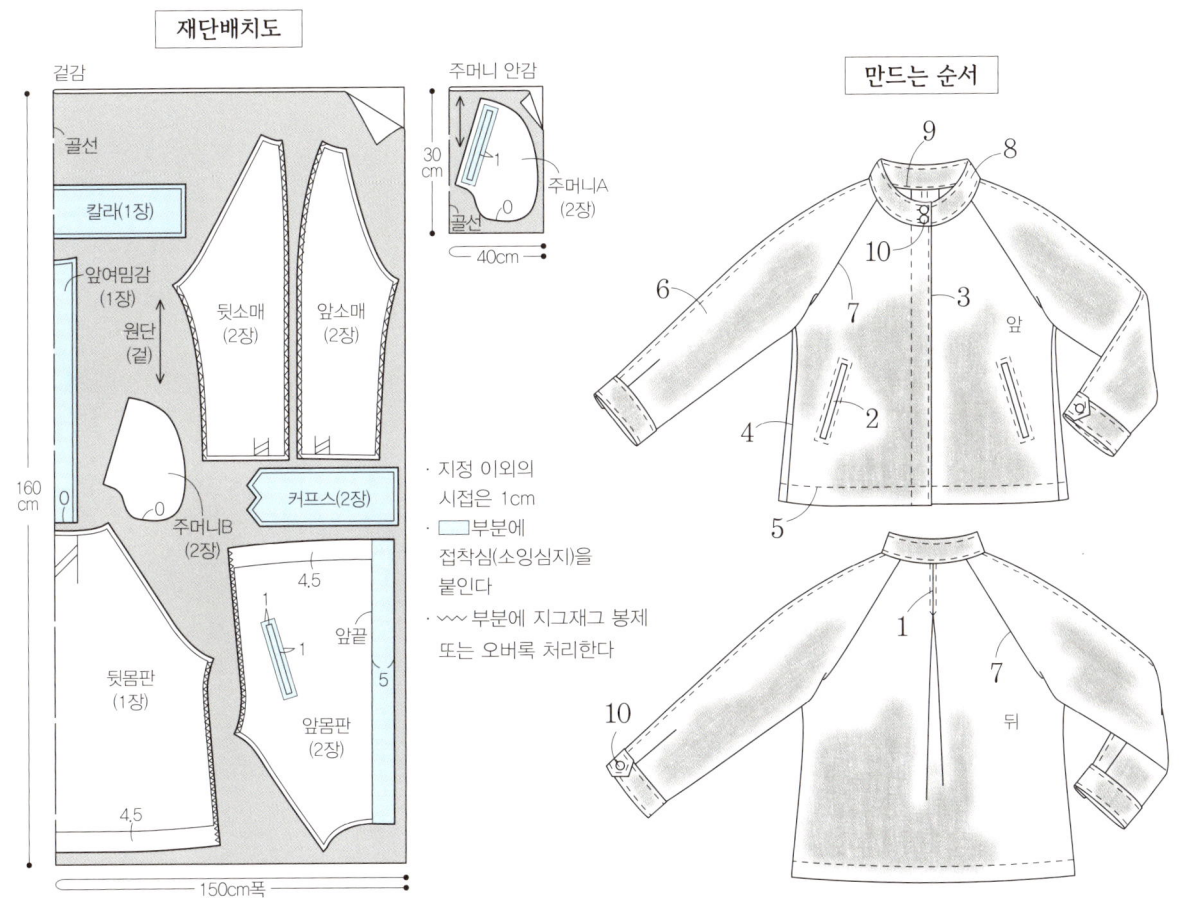

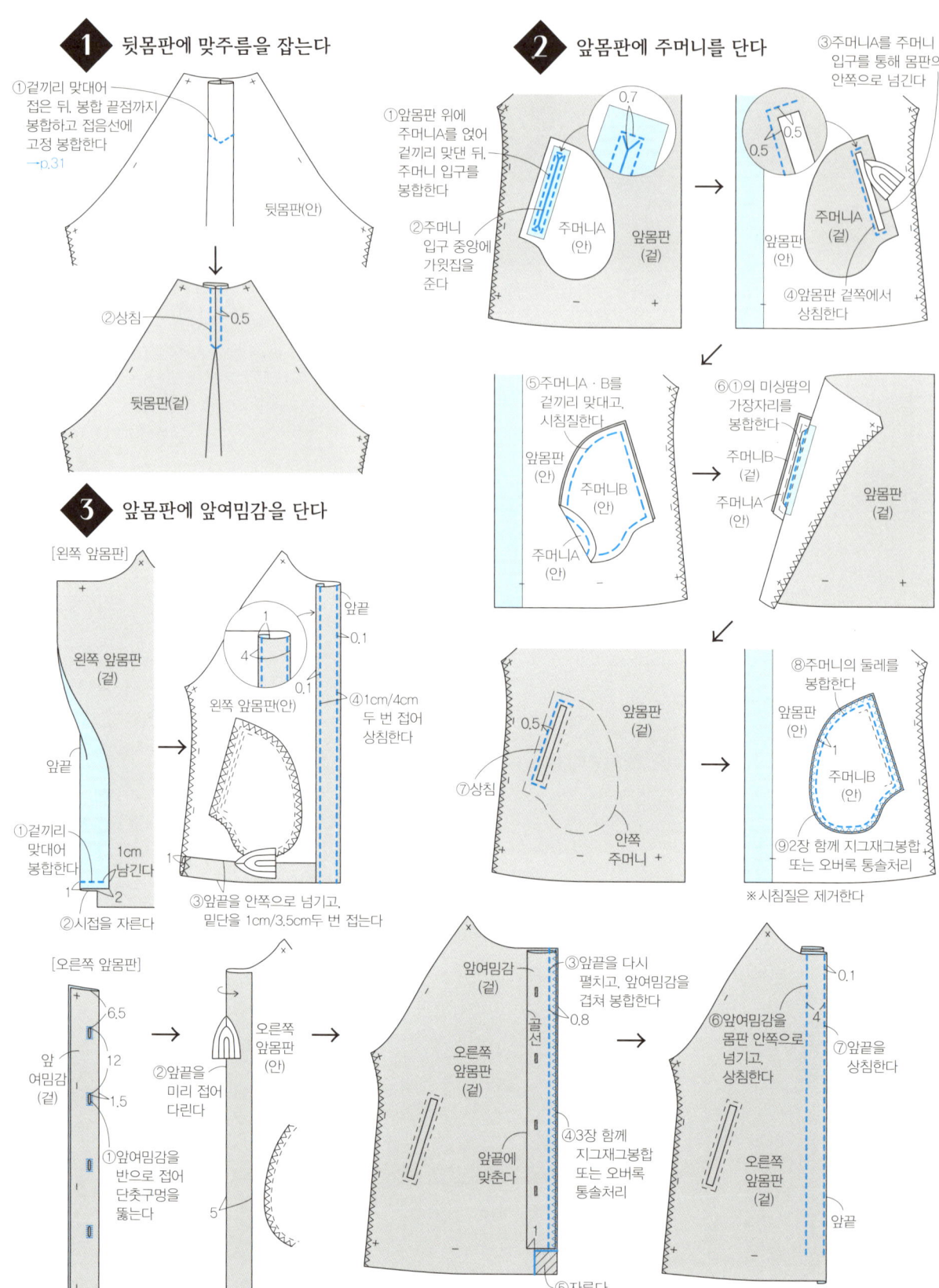

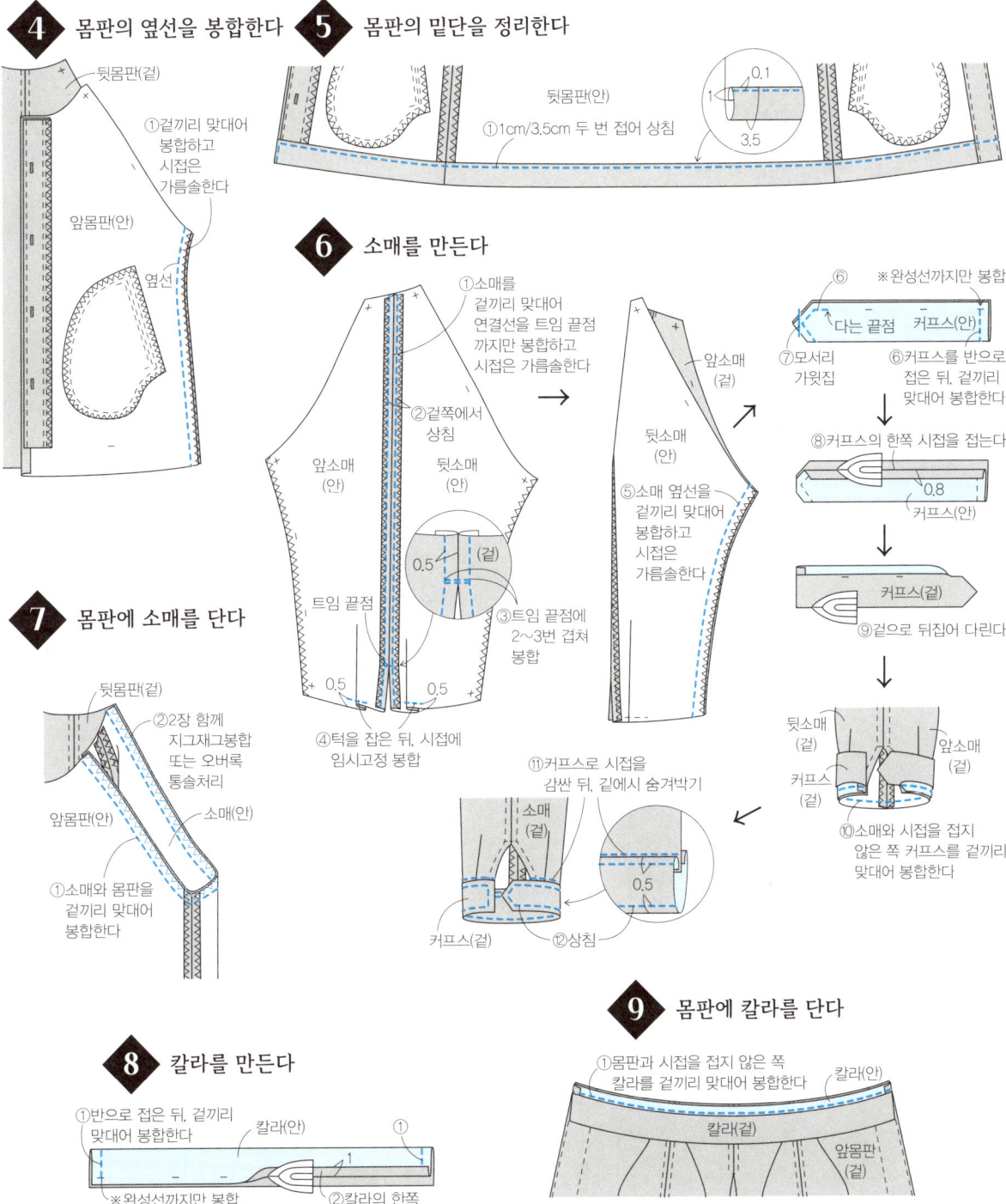

Lesson 5 기본 베스트

→p.48

○ **완성사이즈(cm)**

	7호	9호	11호	13호	15호
가슴둘레	92	96	100	104	109
옷길이	49.5	49.5	49.5	49.5	49.5

○ **패턴(4면)**
- Lesson5 기본 : 겉·안몸판(베스트)

○ **재료**
- 겉감 ··· 리넨 150cm폭×70cm
- 안감 ··· 리넨 150cm폭×70cm
- 단추 ··· 1.8cm폭 8개

✚ **만드는 순서**
1. 몸판의 암홀둘레를 봉합한다.
2. 몸판의 어깨를 봉합한다.
3. 몸판의 목둘레를 봉합한다.
4. 몸판의 앞끝에서부터 밑단까지 한 번에 이어서 봉합한다.
5. 몸판을 정리한다.
6. 몸판에 단춧구멍을 뚫고, 단추를 단다.

양면으로 입을 수 있는 리버시블 베스트는 한 번에 봉합하여 뒤집을 수 없기 때문에 만드는 순서대로 하나씩 봉합하여 뒤집는 것을 반복해야 완성됩니다. 마법 같은 봉합 방법을 마스터해보세요.

만드는 순서

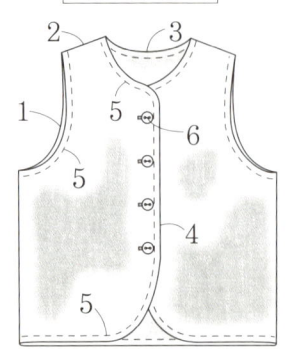
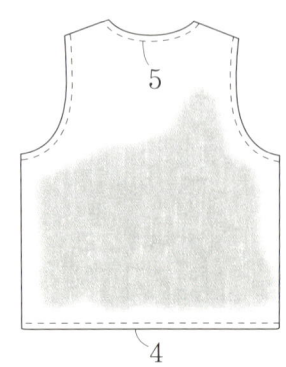

1 몸판의 암홀둘레를 봉합한다

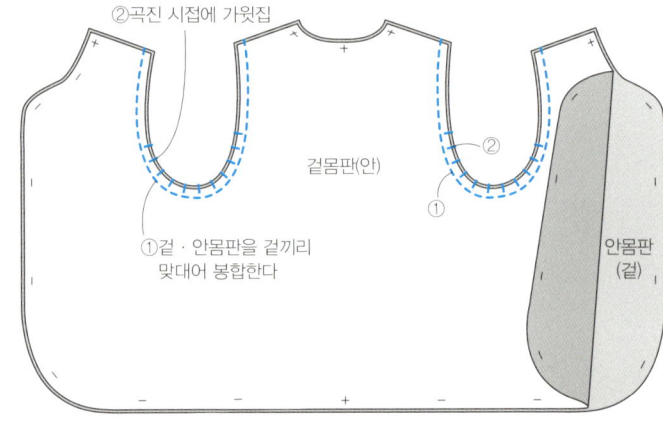

재단배치도

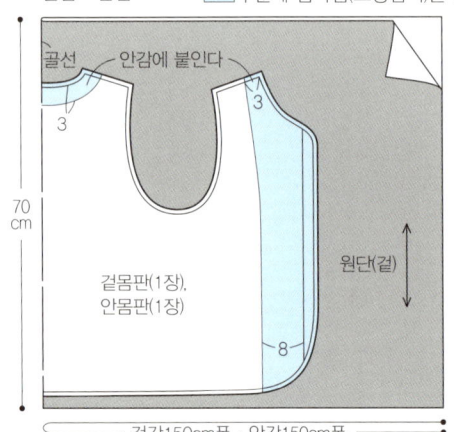

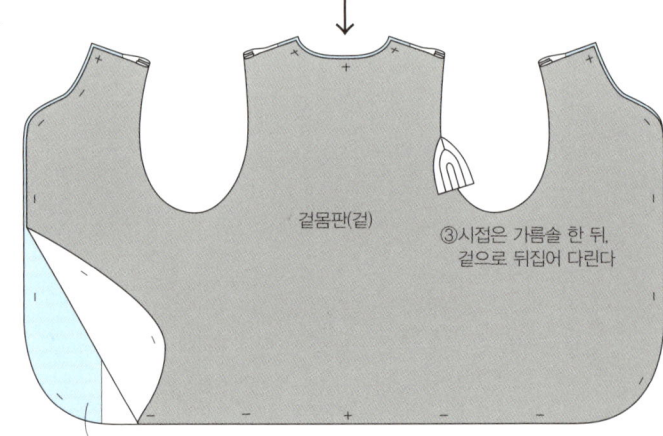

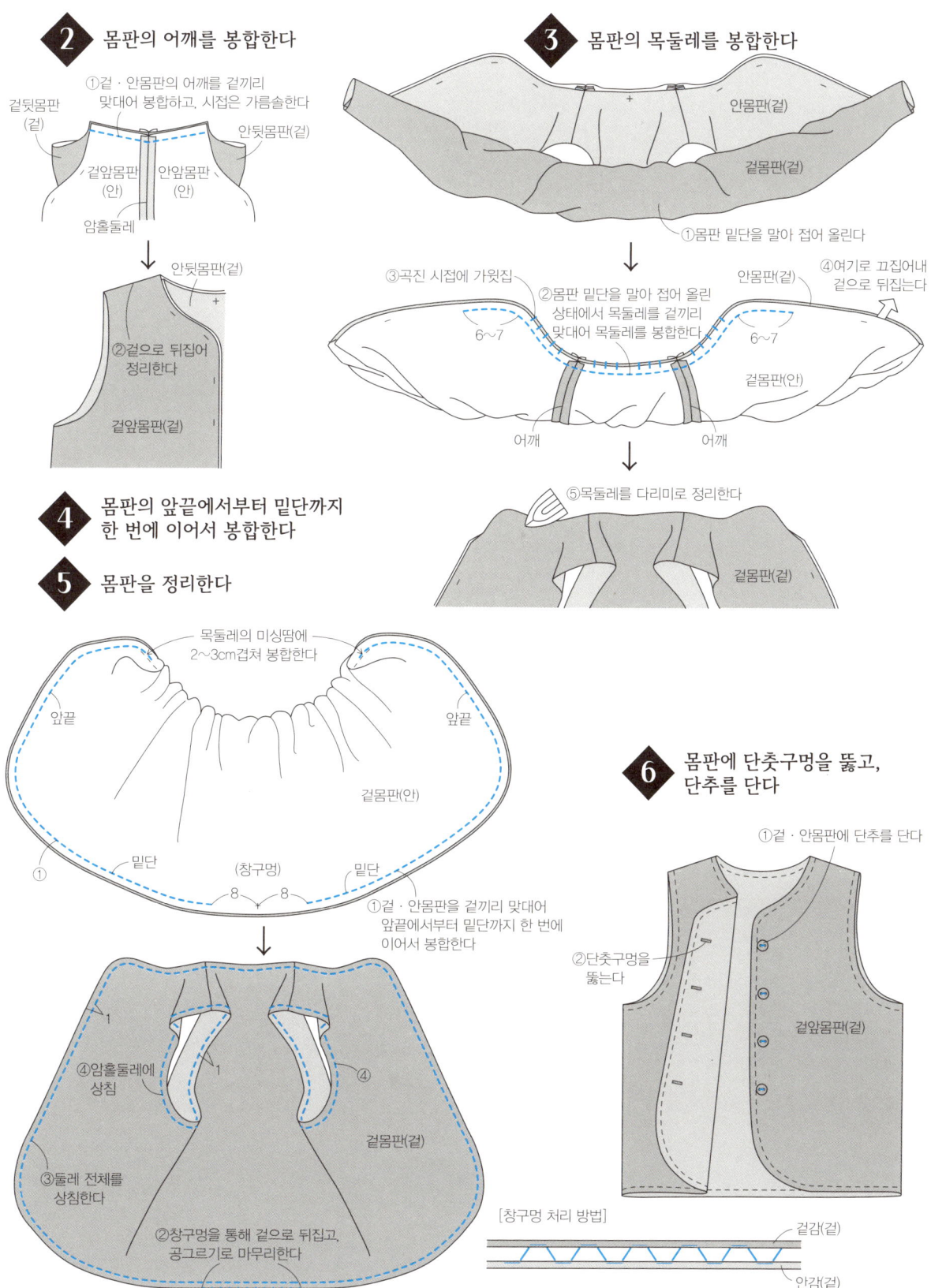

Lesson 5 기본 배기팬츠
→p.48

주머니는 앞팬츠와 이어져 있는 패턴으로 접어서 제작하는 간단한 봉합 방법입니다.

○ 완성사이즈(cm)

	7호	9호	11호	13호	15호
허리둘레	68	72	76	80	85
엉덩이둘레	93	97	101	105	110
팬츠길이	95	95.5	96	96.5	97

○ 패턴(4면)
· Lesson5 기본 : 앞팬츠(상), 앞팬츠(하), 뒤팬츠(상), 뒤팬츠(하), 주머니, 앞허리안단, 뒤허리벨트

○ 재료
· 겉감 ··· 스트라이프 리넨 150cm폭×150cm(7·9호) / 180cm(11호) / 210cm(13·15호)
· 접착심(소잉심지) ··· 50cm폭×10cm
· 고무줄 ··· 3.5cm폭×30cm(7호) / 32cm(9호) / 34cm(11호) / 36cm(13호) / 38.5cm(15호)

+ 만드는 순서
1 주머니를 만든다.
2 팬츠의 밑아래둘레를 봉합한다.
3 팬츠의 밑위둘레를 봉합한다.
4 뒤팬츠에 뒤허리벨트를 단다.
5 앞팬츠에 앞허리안단을 단다.
6 팬츠의 옆선을 봉합한다.
7 뒤팬츠에 고무줄을 통과시킨다.
8 팬츠의 밑단을 정리한다.

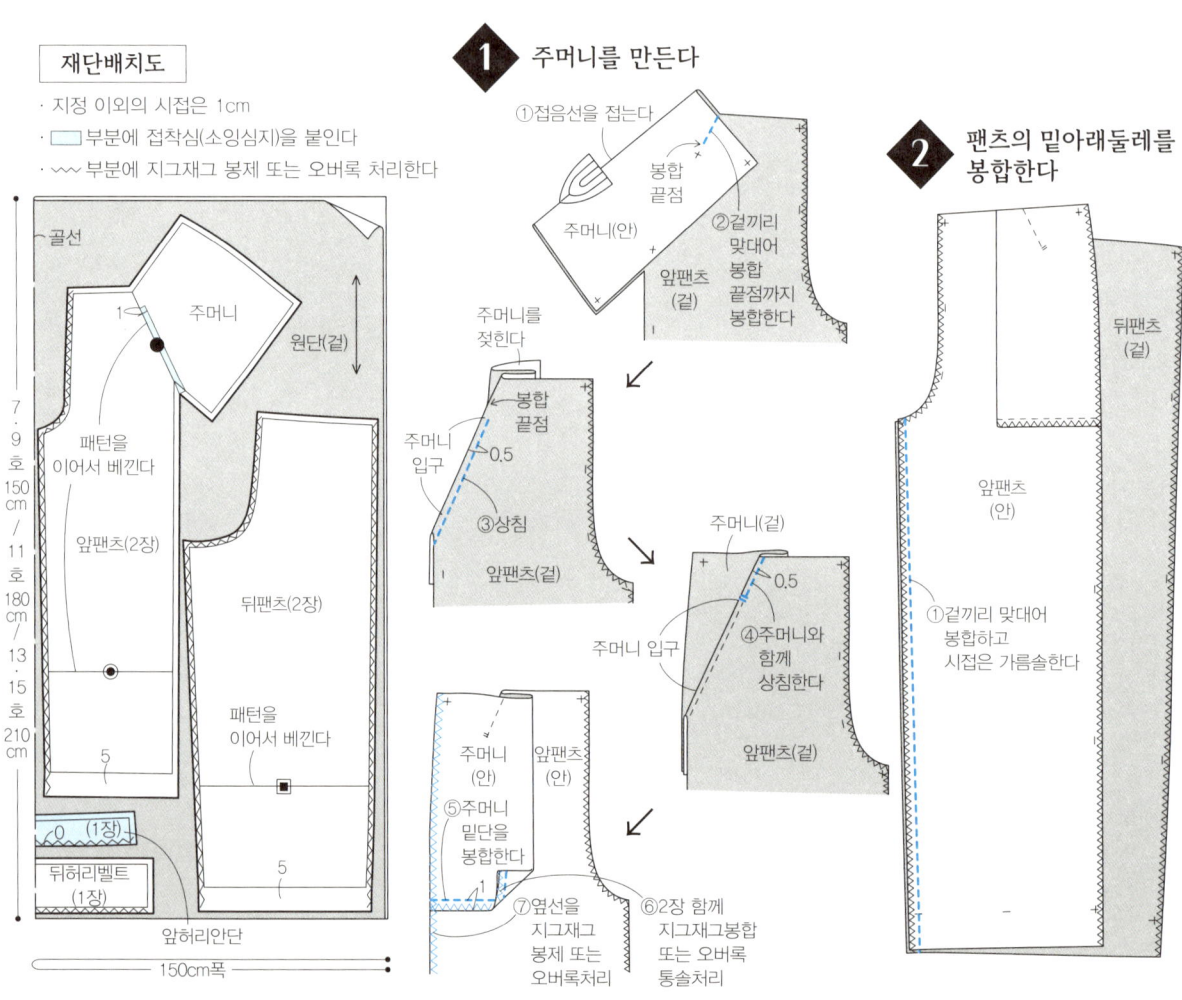

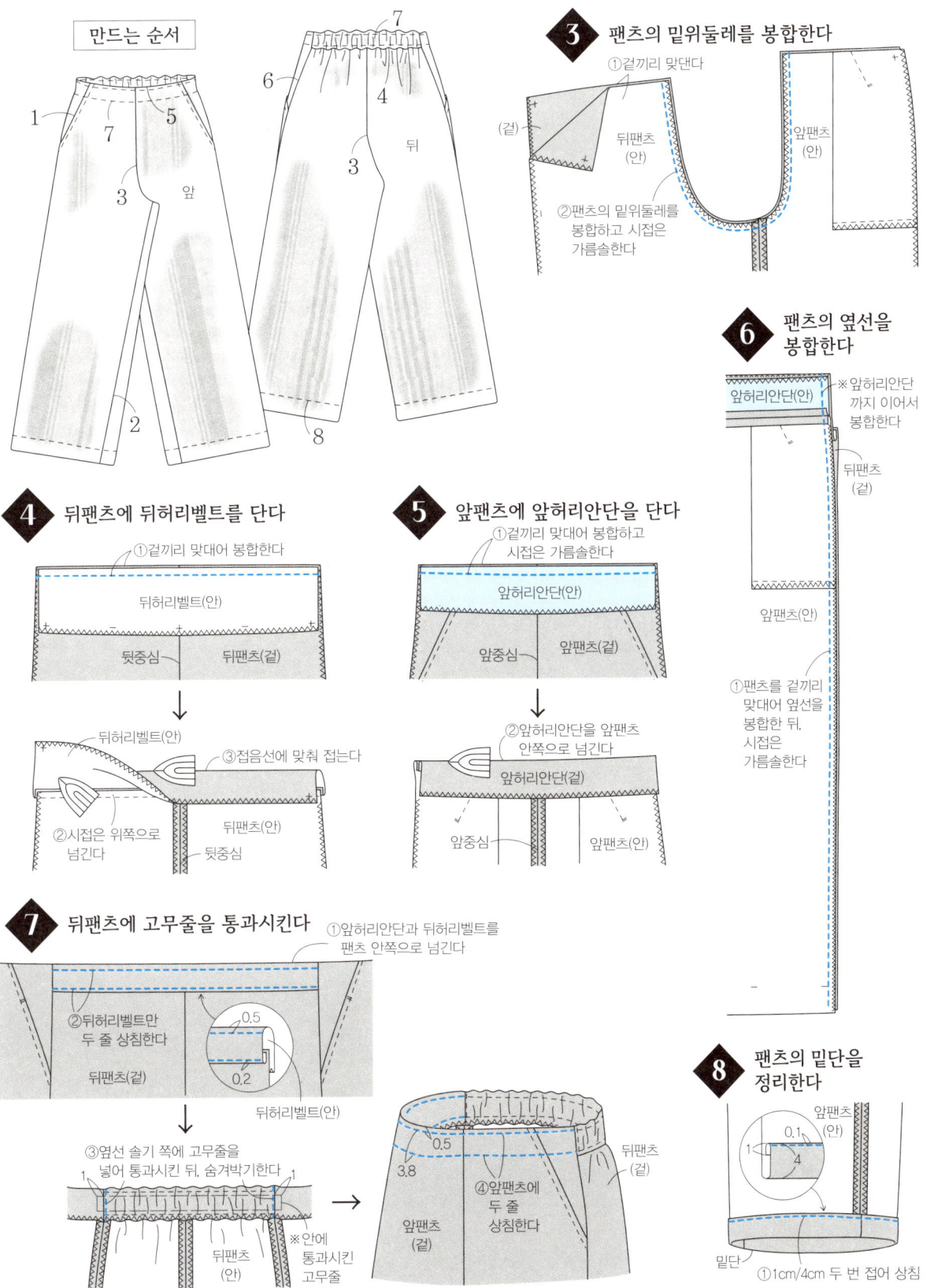

Lesson 5 B 응용 원피스
→p.51

완성사이즈(cm)

	7호	9호	11호	13호	15호
가슴둘레	112	116	120	124	139
옷길이	107	107	107	107	107
뒷중심에서부터 소매 밑단까지의 길이	76	76.5	77	77.5	78.5

재료

- 겉감 … 싱글 리넨 150cm폭×180cm(7·9호) / 190cm(11·13호) / 200cm(15호)
- 접착심(소잉심지) … 90cm폭×110cm
- 단추 … 1.2cm폭 1개(칼라) / 1.5cm폭 9개(앞끝, 커프스)

패턴(4면)

- Lesson5 응용B : 앞몸판(상), 앞몸판(하), 뒷몸판(상), 뒷몸판(하), 앞소매, 뒷소매, 겉·안칼라, 겉·안커프스

* 보강감은 직접 제도하여 사용합니다.

✚ 만드는 순서

1. 뒷몸판에 맞주름을 잡는다. (p.64-1참고)
2. 앞몸판의 앞끝을 정리한다.
3. 몸판의 옆선을 봉합한다.
4. 몸판의 밑단을 정리한다.
5. 소매를 만든다. (p.65-6참고)
   ※소매 밑단에 턱을 2개 잡는다.
6. 몸판에 소매를 단다. (p.65-7참고)
7. 칼라를 만든다.
8. 몸판에 칼라를 단다.
9. 앞몸판, 칼라, 커프스에 단춧구멍을 뚫고, 단추를 단다.

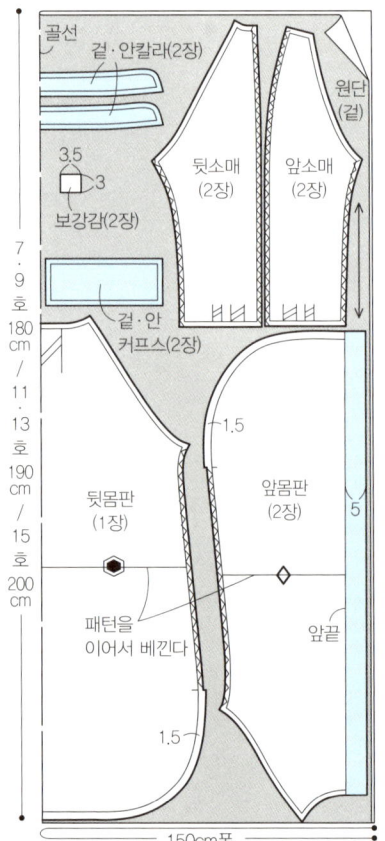

재단배치도
- 지정 이외의 시접은 1cm
- 부분에 접착심(소잉심지)을 붙인다
- ～～ 부분에 지그재그 봉제 또는 오버록 처리한다

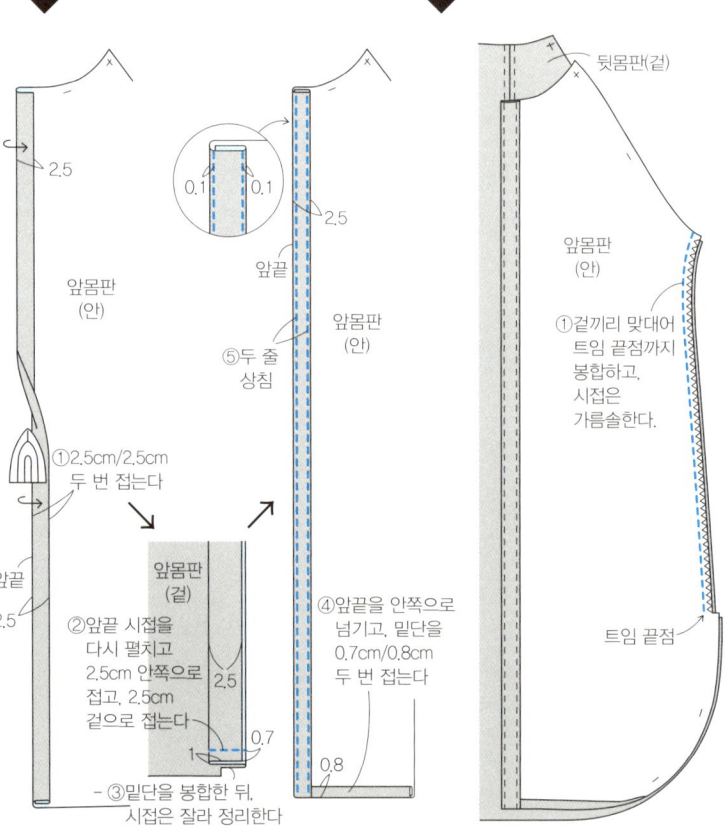

2 앞몸판의 앞끝을 정리한다

3 몸판의 옆선을 봉합한다

만드는 순서

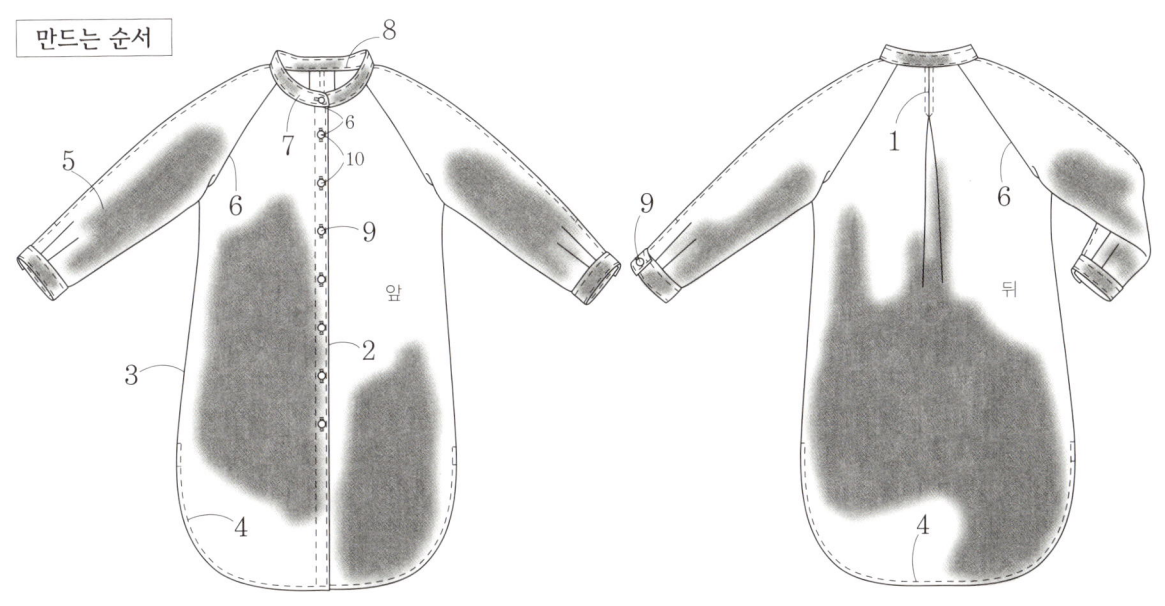

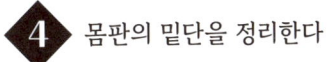
4. 몸판의 밑단을 정리한다

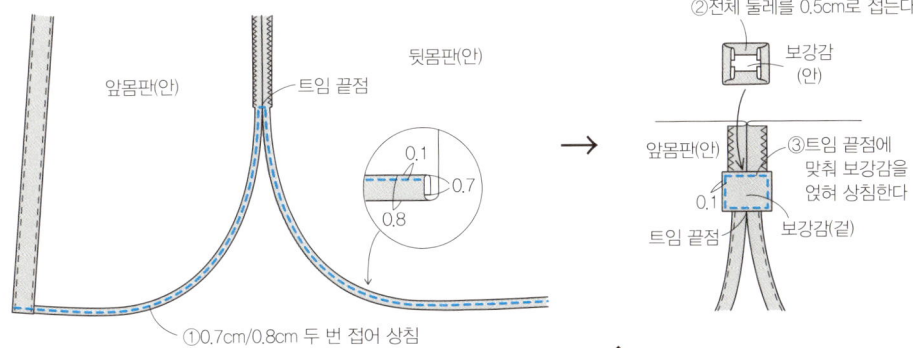

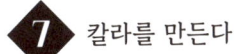
7. 칼라를 만든다

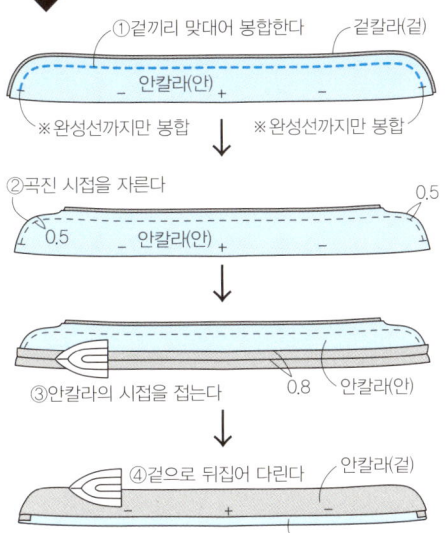

8. 몸판에 칼라를 단다

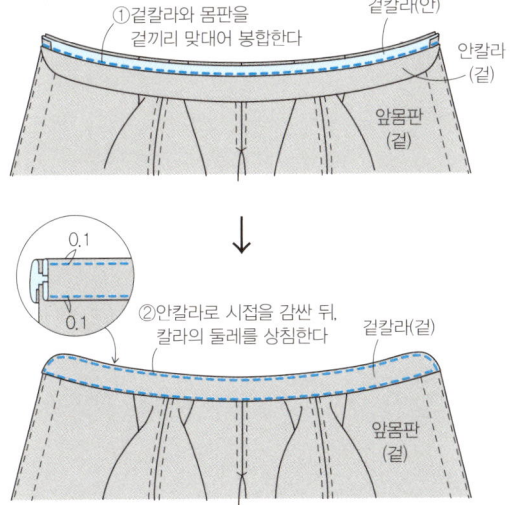

Lesson 5 A 응용 블라우스

→p.50

○ 완성사이즈(cm)

	7호	9호	11호	13호	15호
가슴둘레	122	126	130	134	139
옷길이	61	61	61	61	61
뒷중심에서부터 소매 밑단까지의 길이	71	71.5	72	72.5	73

○ 패턴(4면)

· Lesson5 응용A : 앞몸판, 뒷몸판, 소매, 겉·안칼라
* 앞트임 바이어스천은 직접 제도하여 사용합니다.

○ 재료

· 겉감 … 리넨 120cm폭×200cm(7·9·11호) / 210cm(13·15호)
· 접착심(소잉심지) … 90cm폭×20cm

+ 만드는 순서

1 앞트임을 바이어스처리한다.
2 몸판의 옆선을 봉합한다. (p.58-4 참고)
3 몸판의 밑단을 정리한다.
  ※밑단 시접은 1cm 두 번 접는다.
4 소매를 만든다.
5 몸판에 소매를 단다. (p.59-7 참고)
6 몸판의 목둘레에 주름을 잡는다. (p.59-8 참고)
7 칼라를 만든다. (p.71-7 참고)
8 몸판에 칼라를 단다. (p.71-8 참고)

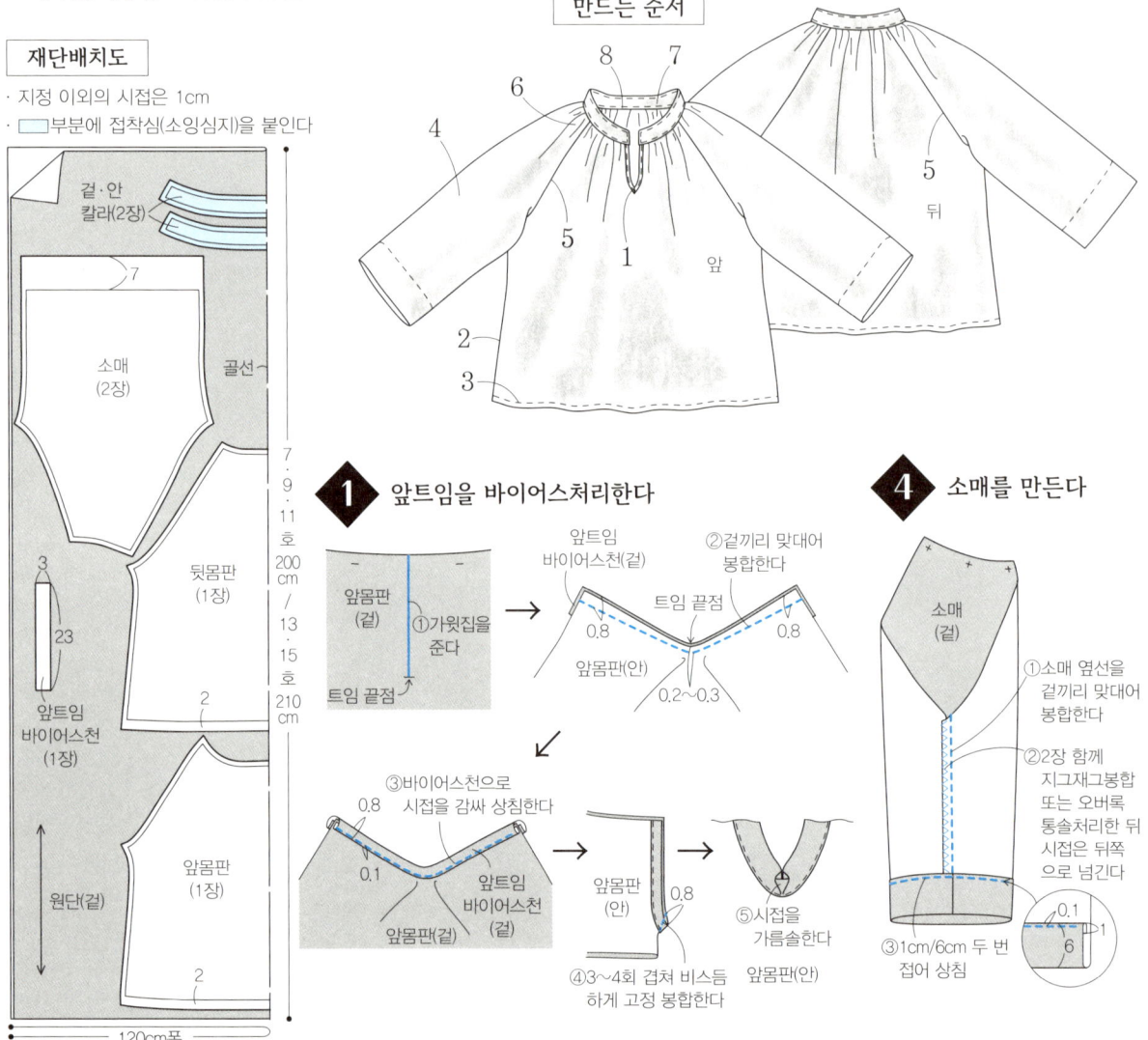

Lesson 6 기본 맞주름 블라우스와 맞주름 스커트

→p.54

블라우스의 맞주름 장식은 안단을 달고 난 뒤, 몸판과 안단이 움직이지 않도록 시침핀으로 고정하면서 봉합합니다.

완성사이즈(cm)

	7호	9호	11호	13호	15호
블라우스 가슴둘레	112	116	120	124	129
블라우스 옷길이	58	58	58	58	58
블라우스 소매길이	12	12.2	12.4	12.6	12.8
스커트 길이	77	77	77	77	77

패턴(1면)

· Lesson6 기본 : 앞몸판, 뒷몸판, 소매, 앞안단, 뒤안단, 뒷트임 안단
* 스커트와 허리감은 직접 제도하여 사용합니다.

재료

· 겉감 ··· 리넨 150cm폭×270cm
　　　　　 각각 재단할 경우 150cm폭×90cm(블라우스) / 180cm(스커트)
· 접착심(소잉심지) ··· 10cm폭×20cm
· 단춧구멍 테이프 ··· 1개
· 단추 ··· 1.2cm폭 1개
· 고무줄 ··· 3.5cm폭 적당량

재단배치도

· 지정 이외의 시접은 1cm
· ▭ 부분에 접착심(소잉심지)을 붙인다
· ∿ 부분에 지그재그 봉제 또는 오버록 처리한다

스커트 제도(프리사이즈)

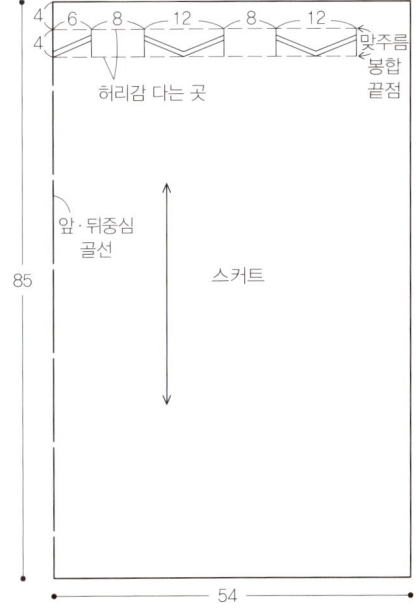

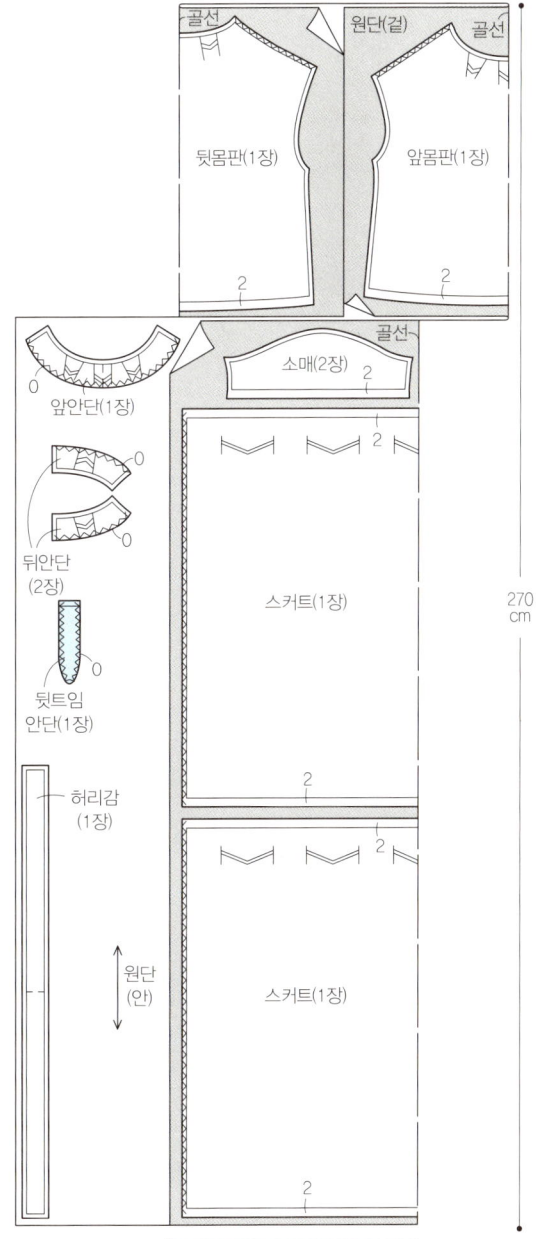

+ 블라우스 만드는 순서

1. 뒷몸판에 뒷트임 안단을 단다.
2. 몸판의 어깨를 봉합한다.
3. 몸판에 안단을 단다.
4. 몸판에 맞주름을 잡는다.
5. 몸판에 소매를 단다.
6. 몸판과 소매의 옆선을 한 번에 이어서 봉합한다.
7. 소매의 밑단을 정리한다.
8. 몸판의 밑단을 정리한다.
9. 뒷몸판에 단추를 단다.

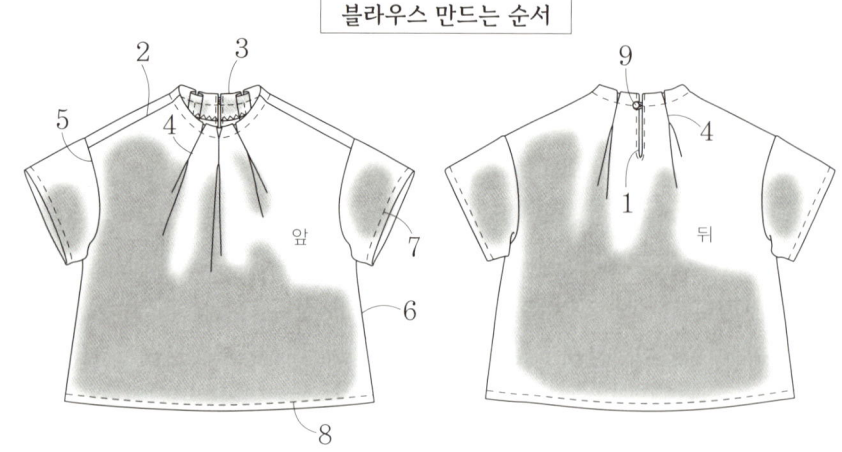

 뒷몸판에 뒷트임 안단을 단다

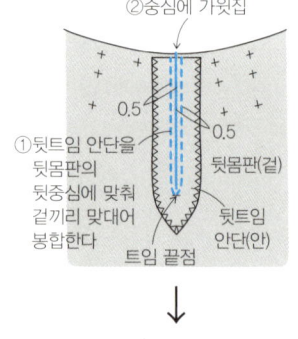

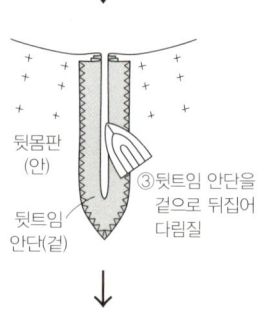

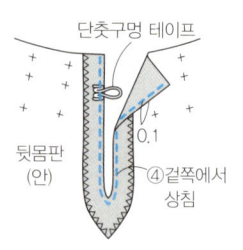

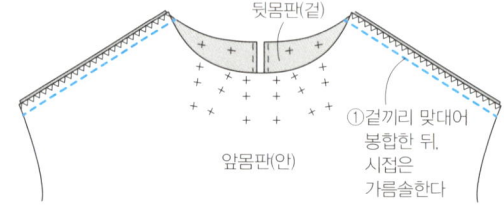 몸판의 어깨를 봉합한다

 몸판에 안단을 단다

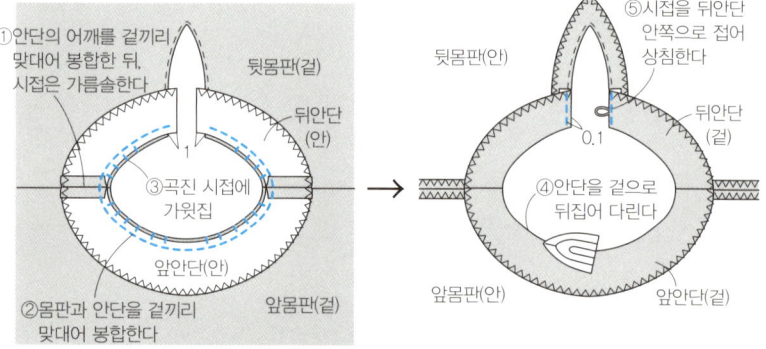

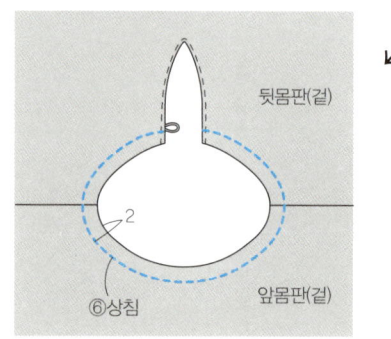

4 몸판에 맞주름을 잡는다

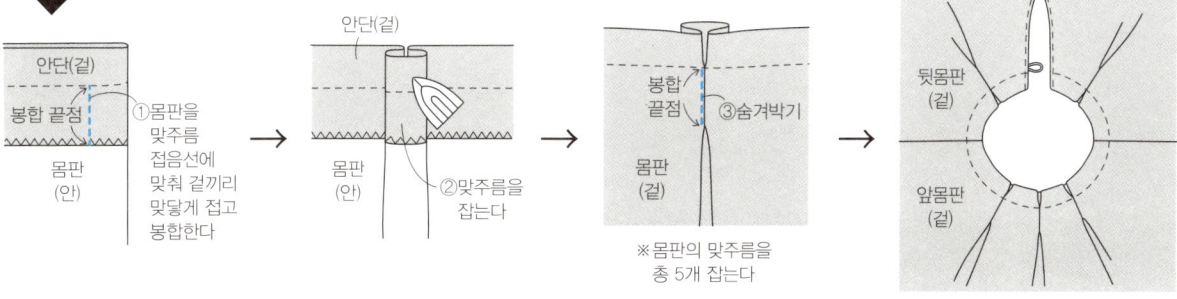

5 몸판에 소매를 단다

6 몸판과 소매의 옆선을 한 번에 이어서 봉합한다

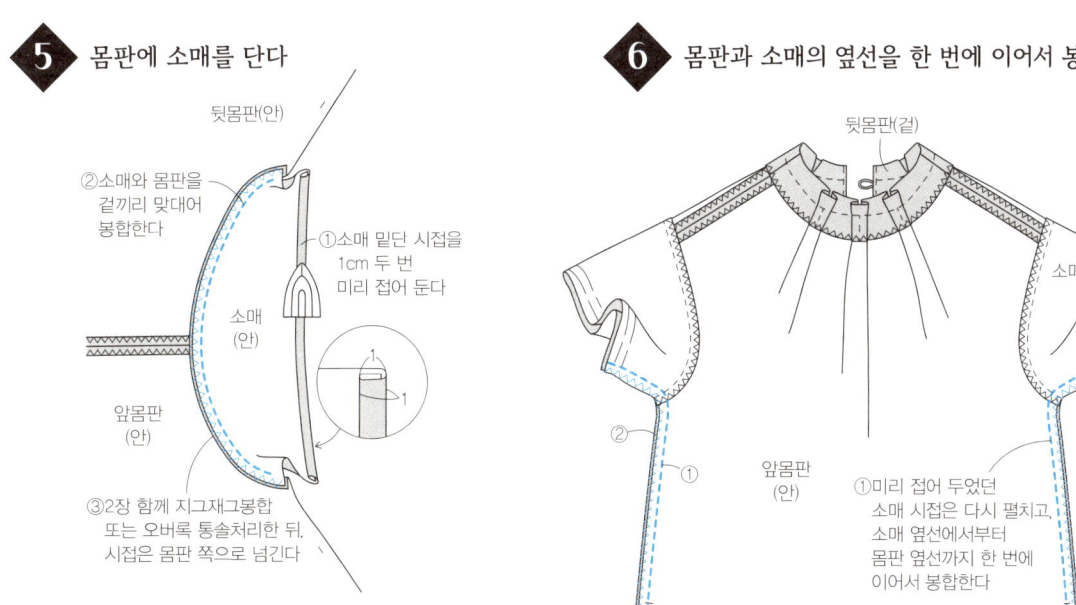

7 소매의 밑단을 정리한다

8 몸판의 밑단을 정리한다

9 뒷몸판에 단추를 단다

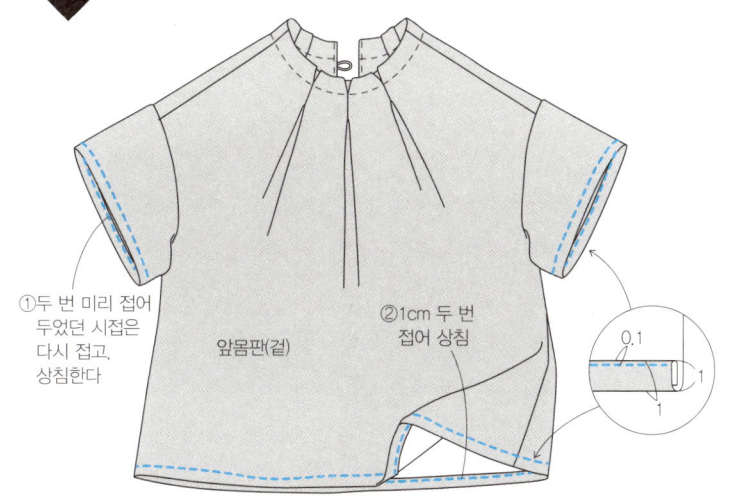

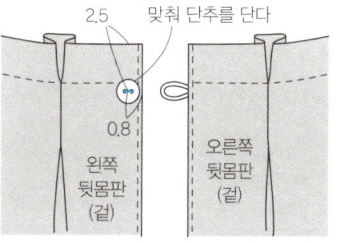

+ 스커트 만드는 순서
1. 스커트의 옆선을 봉합한다.
2. 스커트의 허리둘레와 밑단을 정리한다.
3. 스커트에 맞주름을 잡는다.
4. 스커트에 허리감을 단다.
5. 허리감에 고무줄을 통과시킨다.
  ※고무줄의 길이는 착용한 뒤, 조절하여 사용합니다.
  ※고무줄의 끝을 2cm 겹쳐 고정 봉합한 뒤, 공그르기로 마무리합니다.

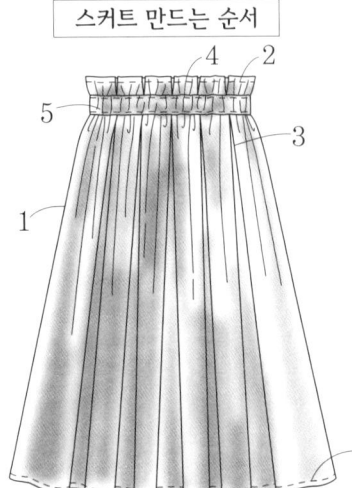

1. 스커트의 옆선을 봉합한다

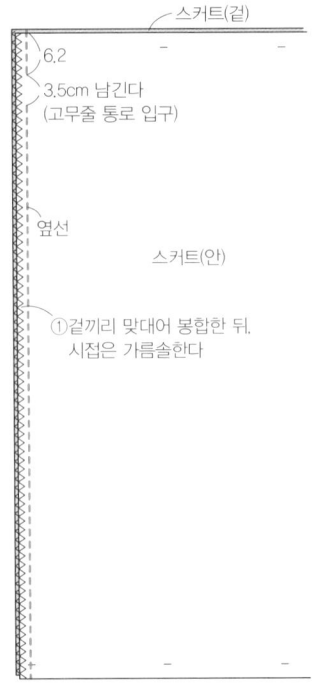

2. 스커트의 허리둘레와 밑단을 정리한다

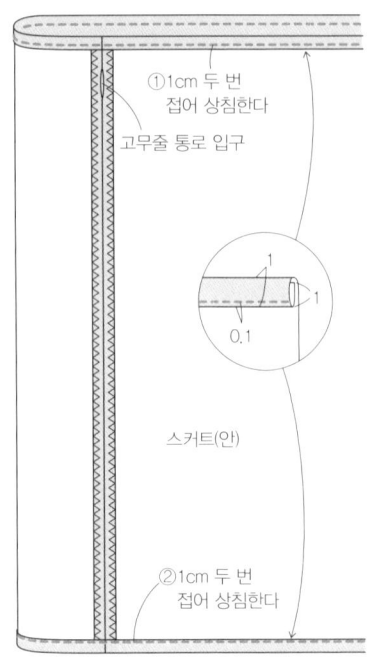

3. 스커트에 맞주름을 잡는다

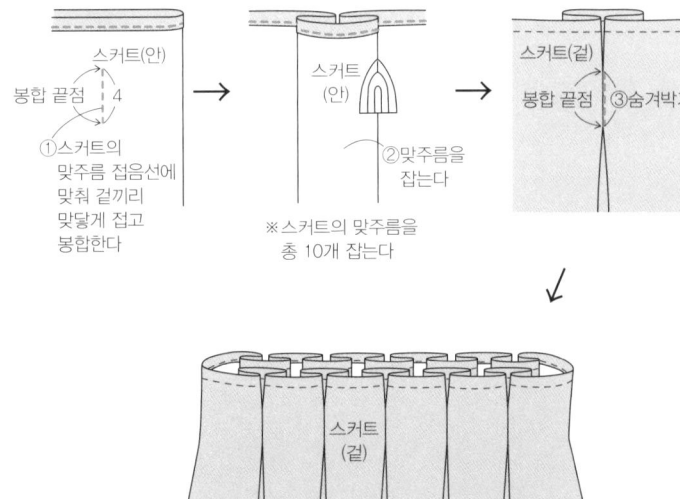

4. 스커트에 허리감을 단다

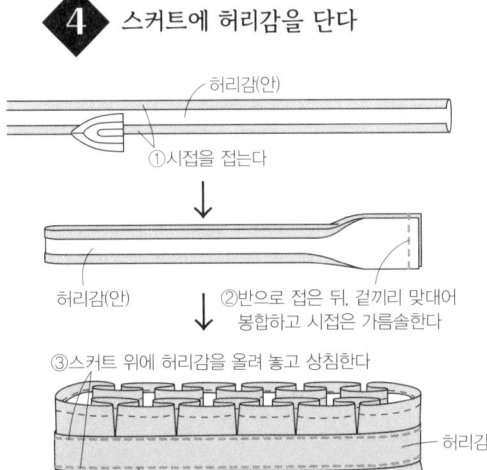

Lesson 6 B 응용 <u>원피스</u>
→p.56

● 완성사이즈(cm)
p.78 참고

● 패턴(1면)
·Lesson6 응용-B : 앞몸판(상), 앞몸판(하), 뒷몸판(상), 뒷몸판(하), 소매, 앞안단, 뒤안단, 뒷트임 안단

● 재료
· 겉감 ··· 리넨 143cm폭×250cm
· 접착심(소잉심지) ··· 10cm폭×20cm
· 단춧구멍 테이프 ··· 1개
· 단추 ··· 1.2cm폭 1개

+ 만드는 순서
1 뒷몸판에 뒷트임 안단을 단다. (p.74-1 참고)
2 몸판의 어깨를 봉합한다. (p.74-2 참고)
3 몸판에 안단을 단다. (p.74-3 참고)
4 몸판에 맞주름을 잡는다.
5 소매에 맞주름을 잡는다.
6 몸판에 소매를 단다. (p.75-5 참고)
7 몸판과 소매의 옆선을 한 번에 이어서 봉합한다. (p.75-6 참고)
8 소매의 밑단을 정리한다.
※5번 과정에서 8cm 남긴 부분을 상침하여 정리합니다.
9 몸판의 밑단을 정리한다. ※밑단 시접은 1cm/2cm 두 번 접는다.
10 뒷몸판에 단추를 단다. (p.75-9 참고)

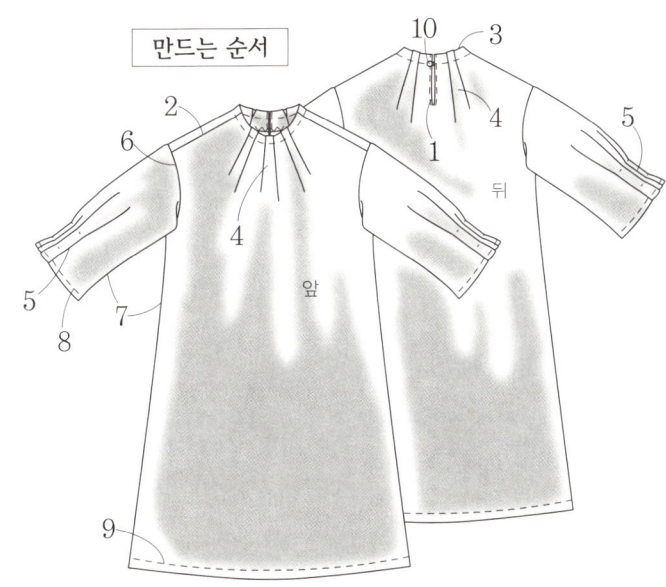

[재단배치도]
· 지정 이외의 시접은 1cm
· ▭ 부분에 접착심(소잉심지)을 붙인다
· ∿∿ 부분에 지그재그 봉제 또는 오버록 처리한다

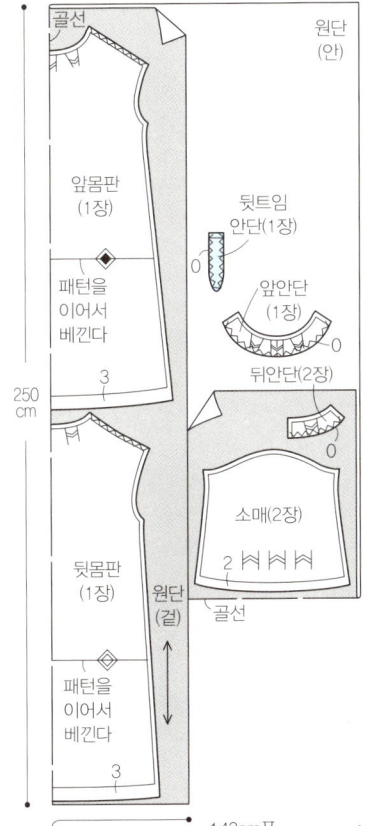

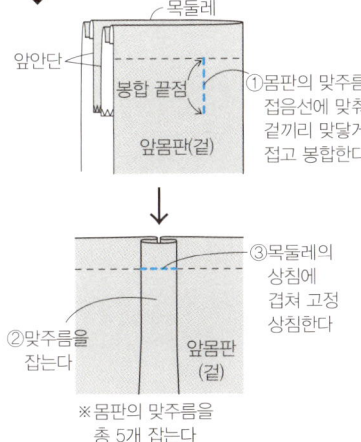

Lesson 6 A 응용 원피스
→p.56

● 완성사이즈(cm)

	7호	9호	11호	13호	15호
가슴둘레	112	116	120	124	129
옷길이	111	111	111	111	111
소매길이	40	40.2	40.4	40.6	40.8

● 패턴(1면)
· Lesson6 응용 A : 앞몸판(상), 앞몸판(하), 뒷몸판(상), 뒷몸판(하), 소매, 뒷트임 안단
* 소매의 턱 위치는 아래 그림의 치수에 맞춰 표시합니다.

● 재료
· 겉감 … 리넨 자카드 138cm폭×250cm
· 접착심(소잉심지) … 10cm폭×20cm
· 단춧구멍 테이프 … 1개
· 단추 … 1.1cm폭 1개

✚ 만드는 순서
1 뒷몸판에 뒷트임 안단을 단다.
2 몸판의 어깨를 봉합한다. (p.74-2 참고)
3 몸판의 목둘레를 정리한다.
4 몸판에 맞주름을 잡는다. (p.75-4 참고)
5 소매에 턱을 잡는다.
6 몸판에 소매를 단다. (p.75-5 참고)
7 몸판과 소매의 옆선을 한 번에 이어서 봉합한다. (p.75-6 참고)
8 소매의 밑단을 정리한다.
　※5번 과정에서 8cm 남긴 부분을 상침하여 정리합니다.
9 몸판의 밑단을 정리한다. ※밑단 시접을 1cm/2cm 두 번 접는다.
10 뒷몸판에 단추를 단다. (p.75-9 참고)

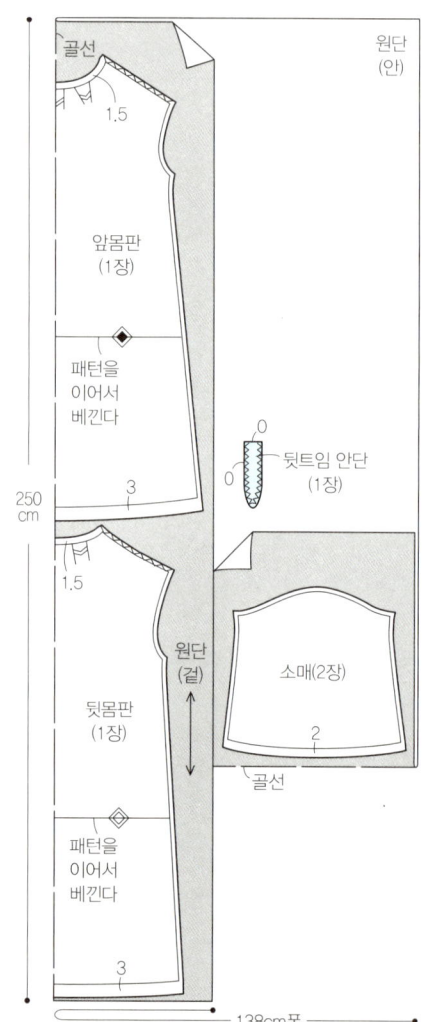

재단배치도
· 지정 이외의 시접은 1cm
· □ 부분에 접착심(소잉심지)을 붙인다
· ∼ 부분에 지그재그 봉제 또는 오버록 처리한다

소매의 턱 위치
*각 사이즈 공통

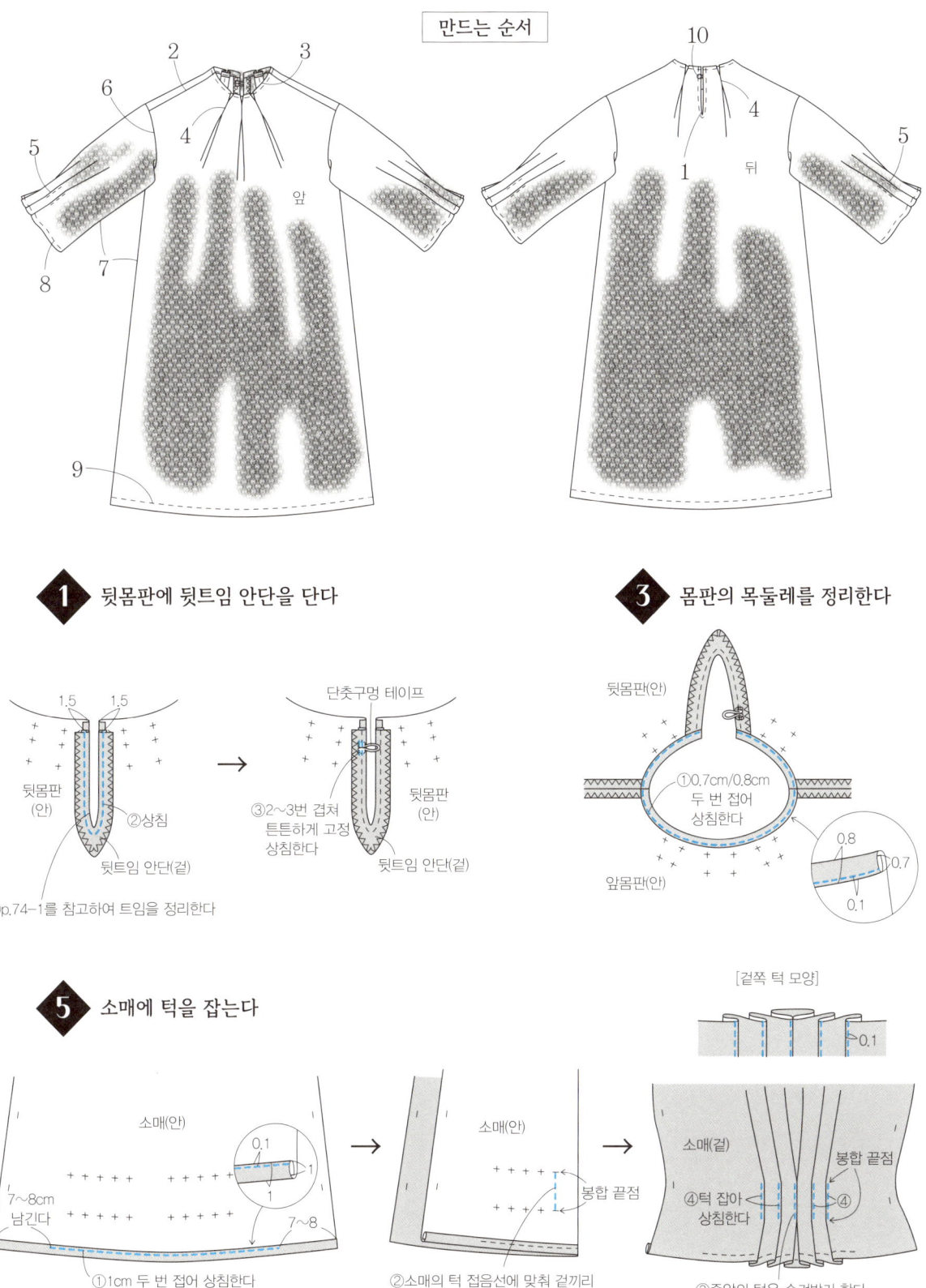

코우다 아오이　香田あおい

도쿄시 출생이며 도쿄시 거주하고 있다.
어패럴 회사에서 근무 후, 프리랜서로 활동 중.
의상, 가방, 생활 잡화 등 리넨 소재 중심으로 만드는 소잉 교실 'lala sewing'을 운영 중이며,
어패럴의 합리적인 봉제 기술과 독자의 아이디어로 소잉의 즐거움을 전수하고 있다.
2013년엔 소잉 교실과 패브릭 샵이 함께하는 'lala sewing ete'를 오픈하였다.

번역 손수현　sonsyun@naver.com

대학에서 일본어 전공 후 국내 최대 소잉관련회사에서 DIY서적 담당MD 및 번역가로 수년간 근무, 현재는 소잉DIY 관련 도서 전문 번역가로 활동하고 있다. 옮긴 책으로는 〈다양한 디테일의 상의 셔츠와 블라우스〉, 〈즐겨 입는 핸드메이드 여성복35〉, 〈리넨으로 만드는 에이프런과 소품 36〉 등이 있다.

내가 만들어 입는 **코디네이트 룩**

초판 1쇄 인쇄　2022년 02월 11일
초판 1쇄 발행　2022년 02월 23일

발행인	정용효
기획	이슬희, 윤효인
번역	손수현
감수	브라이언
편집	추수연
인쇄	웰컴P&P
신고번호	제2016-000002호
신고일자	2016년 01월 26일
발행처	주)핸디스 소잉스토리
	광주광역시 북구 서암대로 133 (신안동), 3층
대표전화	062-513-8957
팩스	062-522-8827
문의전화	070-8893-9218
홈페이지	소잉스토리 www.sewingstory.com

PRINTED IN KOREA
ISBN　　979-11-88062-42-3　13590
판매가　　18,000원

STAFF

발행인	濱田勝宏
북디자인	縄田智子 L'espace
촬영	有賀 傑
스타일리스트	田中美和子
헤어&메이크업	廣瀬瑠美
모델	中島セナ
	伽奈
만드는 법 편집	百目鬼尚子
디지털 트레이스	しかのるーむ
패턴 그레이딩	上野和博
패턴배치	近藤博子
작품제작협력	田中芳美
	中西直美
	アトリエユーバン
교열	向井雅子
편집	宮崎由紀子
	平山伸子（文化出版局）

※ 잘못 인쇄된 책은 구입처에서 교환해 드립니다.
※ 소잉스토리는 소잉 D.I.Y 취미실용서를 출간합니다.

이 책의 한국어판 저작권은 Botong Agency를 통한 저작권자와의 독점 계약으로 주)핸디스에 있습니다. 신저작권법에 의해 한국 내에서 보호를 받는 저작물이므로 무단전재와 무단복제를 금합니다.

※본서로 소개한 작품의 전부 또는 일부를 무단으로 상품화, 복제 배포 및 경진대회 등의 응모 작품으로 출품하는 것을 금합니다.

SUKKIRI KIREI SET-UP STYLE NO SUSUME by Aoi Kouda
Copyright © Aoi Kouda 2019
All rights reserved.
Original Japanese edition published by EDUCATIONAL
FOUNDATION BUNKA GAKUEN BUNKA PUBLISHING BUREAU

This Korean edition is published by arrangement with
EDUCATIONAL FOUNDATION BUNKA GAKUEN BUNKA
PUBLISHING BUREAU, Tokyo
in care of Tuttle-Mori Agency, Inc., Tokyo through Botong
Agency, Seoul.

초보자의 눈으로 개발하는 **실물 패턴전문 브랜드 패턴인!**

1600 여종의 상품 보유 및 매달 신상품 출시!

point 1

재단배치도 부터 소잉 팁 까지
꼼꼼한 사진제작 설명서와 웹 제작 설명서로

쉽고 재미있게!

point 2

패턴 전문 캐드를 사용한
전사이즈 실물 패턴과 사이즈별 칼라선으로

깔끔하고 편리하게!

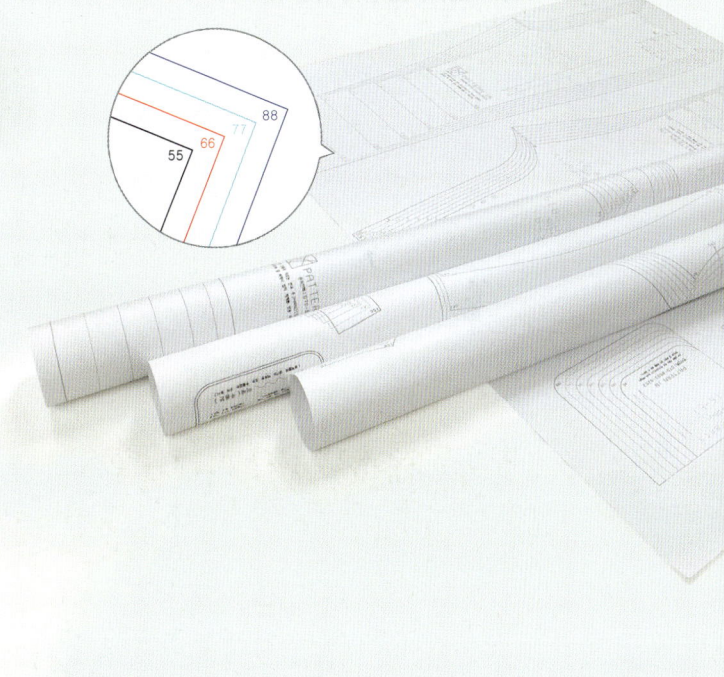

아래의 구매처에서 패턴인의 모든 상품을 만나 보세요!

패션스타트 / 패션스타트 전국 대리점 / 심플소잉 / 심플소잉 전국 대리점
퀼트스타 / 천가게 / 인패브릭 / 앤쏘라이프 / 인패브릭 / 선퀼트
아이러브아이옷 / 원단천국 / 원단1번지

패턴인 스토어팜

대한민국 대표 소잉 D.I.Y 전문 출판사 소잉스토리의 개발 단행본 시리즈

SEWING HARUE

프로페셔널 기획과 짜임새 있는 완성도를 바탕으로
2009년 한국 최초의 소잉 D.I.Y 잡지로 창간된 "소잉 하루에" 시리즈는
현재는 단행본 형식으로 변경하여 매 시즌 트렌디한 아이템들로 기획, 매년 3회씩 발간하고 있습니다.

"소잉 하루에" 만의 특별한 구성!

 &  & 친절한 sewing tip / all color 일러스트 설명서 / 편리한 실물크기 패턴 부록

한국 소어들의 니즈와 체형에 딱 맞는 아이템들로 기획, 제작한 "소잉 하루에" 시리즈를 지금 만나보세요.

SEWING HARUE vol. 27

**Daily lady's closet
사계절 핸드메이드 여성복**

20작품 수록 / 120쪽 / 정가 18,000원
실물크기 패턴 2매(4면) 20작품 수록

[Daily lady's closet 사계절 핸드메이드 여성복]에서는 일 년 내내 다양하게 레이어드하여 즐길 수 있는 여성복 상의, 원피스, 하의, 아우터, 소품 총 20작품을 수록했습니다. 간편하면서도 감각적인 데일리 룩을 만나보세요.

SEWING HARUE vol. 28

**직접 만들어 입고 싶은
COUPLE LOOK 20**

20작품 수록 / 108쪽 / 정가 18,000원
실물크기 패턴 2매(4면) 20작품 수록

[직접 만들어 입고 싶은 COUPLE LOOK 20]에서는 사랑하는 사람과 함께 즐길 수 있는 커플 룩을 주제로 남/여 의상 20작품을 10가지 커플 룩으로 수록했습니다. 사랑하는 사람과 함께 세상에 단 하나뿐인 커플 패션을 즐겨보세요.

SEWING HARUE vol. 29

**우리 아이를 위한
특별한 핸드메이드 옷과 소품**

23작품 수록 / 112쪽 / 정가 18,000원
실물크기 패턴 2매(4면) 22작품 수록

[우리 아이를 위한 특별한 핸드메이드 옷과 소품]에서는 사랑스러운 우리 아이를 위한 의상과 소품 총 23작품을 50~70사이즈, 80~130사이즈로 알차게 담았습니다. 마음과 정성을 다해 세상에 단 하나뿐인 작품을 만들어 선물해보세요.

SEWING HARUE vol. 21

리넨으로 만드는
엄마와 딸의 커플룩 36

36작품 수록 / 136쪽 / 정가 16,000원
실물크기 패턴 2매(4면) 34작품 수록

[리넨으로 만드는 엄마와 딸의 커플룩 36]에서는 귀여운 딸과 함께 코디할 수 있는 데일리 룩, 피크닉 룩, 리빙 룩, 커플 아이템 총 36작품을 담았습니다. 사랑스러운 아이와 함께 커플 패션에 도전해 보세요.

SEWING HARUE vol. 22

미네와 함께 하는
'우리 가족 소잉 소품과 의상'

39작품 수록 / 194쪽 / 정가 17,000원
실물크기 패턴 2매(4면) 39작품 수록

[미네와 함께 하는 우리 가족 소잉 소품과 의상]에서는 나와 내 아이, 배우자의 일상을 가득 채워 줄 다양한 쓰임새의 소품과 의상을 소개합니다. 총 39작품을 모두 일러스트 제작 설명서로 수록했습니다. 특별한 선물을 준비해보세요.

SEWING HARUE vol. 23

정성이 깃든
우리 가족 한복 만들기

28작품 수록 / 150쪽 / 정가 16,000원
실물크기 패턴 2매(4면) 28작품 수록

[정성이 깃든 우리 가족 한복 만들기]에서는 아름다운 우리 한복을 일상에서 함께 할 수 있도록 아동 전통 한복과 생활 한복, 성인 한복과 한복 소품 28종을 수록했습니다. 우리 가족을 위한 한복을 내 손으로 직접 만들어 보세요.

SEWING HARUE vol. 24

깔끔한 실루엣의
원피스 만들기 25

25작품 수록 / 128쪽 / 정가 16,000원
실물크기 패턴 2매(4면) 25작품 수록

[깔끔한 실루엣의 원피스 만들기 25]에서는 기본 원피스, 주름 원피스, 프린세스 원피스, 랩 원피스, 셔츠 원피스, 소품 총 6가지 테마의 원피스와 소품 25작품을 한 권에 담았습니다. 아름다운 실루엣이 가득한 원피스 작품들을 만들어보세요!

SEWING HARUE vol. 25

편안하고 특별한
핸드메이드 여성복

31작품 수록 / 144쪽 / 정가 18,000원
실물크기 패턴 2매(4면) 31작품 수록

[편안하고 특별한 핸드메이드 여성복]에서는 나의 일상을 채워 줄 다양한 스타일의 여성복을 소개합니다. 베스트, 티셔츠, 블라우스, 셔츠, 자켓, 하의 총 6가지 테마의 작품 31종을 수록하였습니다. 일상 속 소잉의 즐거움을 느껴보세요.

SEWING HARUE vol. 26

네 가지 스타일의
핸드메이드 여성복

32작품 수록 / 152쪽 / 정가 18,000원
실물크기 패턴 2매(4면) 32작품 수록

[네 가지 스타일의 핸드메이드 여성복]에서는 네 작가들의 각각의 취향과 마음을 담은 작품들을 소개합니다. 작가별로 8작품씩, 총 32작품을 수록하고 있어 다양한 스타일의 아이템을 한 권으로 만날 수 있습니다. 나의 취향을 발견해보세요.

여러 구매처 및 온/오프라인 서점에서
다양한 〈소잉 하루에〉 시리즈를 만나 보세요!

패션스타트

심플소잉

퀼트스타

패턴인
스마트스토어

SEWING STORY

핸디스 소잉스토리 출판사는 소잉 D.I.Y 전문 출판사입니다. 개발 단행본 시리즈인 소잉 하루에, 그리고 일본에서 인기 있는 소잉 서적을 번역하여 출간합니다. 소잉스토리 홈페이지에서 더 많은 출간서적을 확인해보세요.

소잉하는 사람의 마음과 손으로 짓는 책, 소잉스토리의 안목으로 선정한 번역서들을 만나보세요.

리넨으로 만드는 에이프런과 소품 36

36작품 수록 / 88쪽 / 정가 18,000원
실물크기 패턴 1매(2면) 36작품 수록

[리넨으로 만드는 에이프런과 소품 36]에서는 다양한 디자인의 여성 에이프런과 여성복, 커플로 코디할 수 있는 남성용, 아동용 에이프런과 소품을 한 권에 담습니다. 나와 사랑하는 사람들을 위한 에이프런을 지금 만들어 보세요.

즐겨 입는 핸드메이드 여성복 35

35작품 수록 / 88쪽 / 정가 18,000원
실물크기 패턴 1매(2면) 28작품 수록

[즐겨 입는 핸드메이드 여성복 35]에서는 다양한 형태의 여성복을 소개합니다. 또한 나만의 코디를 돋보이게 해줄 가방과 브로치 등 소품들을 함께 담았습니다. 나만의 감성, 취향을 한껏 담은 핸드메이드 패션을 즐겨보세요.

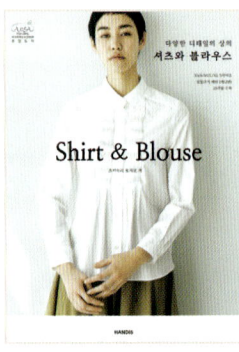

다양한 디테일의 상의 셔츠와 블라우스

25작품 수록 / 96쪽 / 정가 17,000원
실물크기 패턴 1매(2면) 25작품 수록

[다양한 디테일의 상의 셔츠와 블라우스]에서는 다양한 디테일이 담긴 여성 상의들을 소개합니다. 소매의 형태부터 밑단 처리, 핀턱 장식 등 소잉에 유용한 디테일이 담긴 작품이 25종 수록되어 있습니다. 내가 원하는 디테일을 골라 만들어보세요.

매일 입고 싶은 핸드메이드 여성복 만들기

14작품 수록 / 88쪽 / 정가 17,000원
실물크기 패턴 2매(4면) 14작품 수록

[매일 입고 싶은 핸드메이드 여성복 만들기]에서는 여성들에게 사랑받는 아이템인 블라우스부터 원피스, 스커트, 팬츠 등 다양한 아이템 14종을 All Color 사진 제작 설명서로 수록했습니다. 일상을 함께하고 싶은 여성복을 직접 만들어보세요.

내 아이를 위한 사랑스러운 아동복 만들기

15작품 수록 / 86쪽 / 정가 16,000원
실물크기 패턴 2매(4면) 15작품 수록

[내 아이를 위한 사랑스러운 아동복 만들기]에서는 귀여운 디테일로 가득한 아동복 15종을 한 권에 담습니다. 90~120 4사이즈의 실물크기 패턴이 수록되어 있어 쉽게 작품을 만들 수 있습니다. 소중한 내 아이를 위한 아동복을 만들어보세요.

직접 만드는 나만의 핸드메이드 스커트 25

25작품 수록 / 98쪽 / 정가 16,000원
실물크기 패턴 1매(2면) 25작품 수록

[직접 만드는 나만의 핸드메이드 스커트 25]에서는 다양한 디자인의 스커트를 한 권에 모았습니다. 총 25종이 수록되어 있으며, S~LL 4사이즈의 실물크기 패턴이 수록되어 있어 쉽게 작품을 제작할 수 있습니다. 나만의 하나뿐인 스커트를 만나보세요.

여러 구매처 및 온/오프라인 서점에서 다양한 소잉스토리 서적들을 만나 보세요!

 패션스타트

 심플소잉

 퀼트스타

패턴인 스마트스토어

CHUNGAGE

YOUTUBE WEBSITE

쏘잉의 모든 것 천가게에 다있다.

| 자체제작 원단 | 부자재 | 프랑수 자수 DIY 키트 |

www.1000gage.co.kr

Tiffany

바늘 끝에서 피어나는 아름다움

심플하고 세련된 외모와 독보적인 자수 사이즈로
가정용 자수기의 한계를 뛰어넘어
작품을 예술 그 자체로 만들어줍니다.

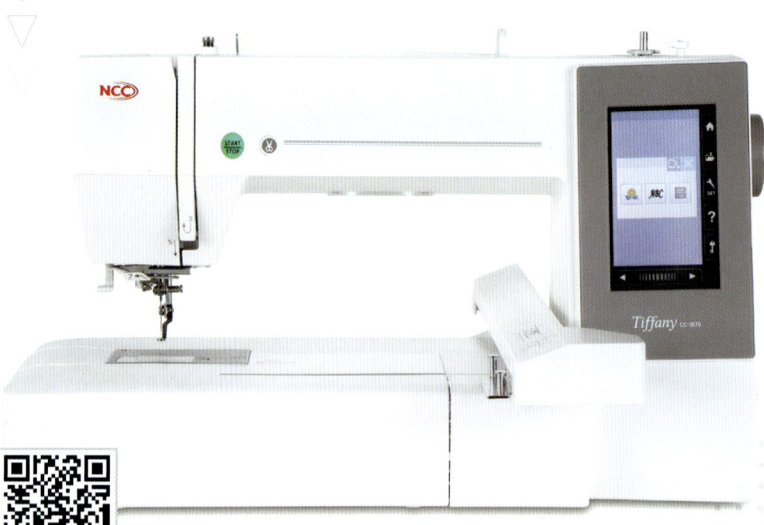

TIFFANY
자세히 알아보기

TIFFANY 특징

01 시크한 웜그레이 포인트 디자인

02 최대 자수 영역 200×360mm

03 최대 자수 속도 860SPM

04 180가지 실용적인 내장 자수 디자인

TIFFANY 기능

와이드 자수 캐리지
초대형 후프를
안전하게 지탱

자수틀 고정장치
더 간편하고 안정적인
레버 + 핀고정 방식

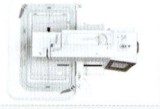
확장판 테이블
더 넓은 작업 공간

LED 조명
어두운 곳에서
더 빛나는 5개의
LED 조명 탑재

프리텐션 실가이드
윗실의 꼬임·빠짐을
방지하여 실공급을
원활하게

3곳의 사절 장치
가위 없이도
언제나 편리하게

심플소잉

국내 최초 재봉틀 공방 브랜드

심플소잉은 국내 30여 개의 대리점을 보유한
국내 최초 DIY 소잉 전문 브랜드입니다.

소잉의 모든 것 '심플소잉'

품질의 미싱
디자인, 기능, 내구성을 두루 갖춘 품격있는 미싱을 직접 체험할 수 있습니다.

다양한 소잉 전문 원단/부자재
국내·외 다양한 원단/부자재를 보유하고 있어 작품의 완성도를 높여줍니다.

체계적인 소잉 교육
초보부터 마스터까지 전문 강사님과 함께하여 어려웠던 소잉이 쉽고 재미있어집니다.

전문 강사반 운영
AMSA만의 소잉 전문 교육을 통해 소잉 작가로서의 활동은 물론 공방 창업에 큰 도움을 드립니다.

차별화된 '심플소잉'만의 교육

 수강 최대 인원 5명 소수 인원제 밀착 수업

 내 스케줄에 맞춰 수강하는 수업 사전 예약제

 충분히 갖춰진 소잉 전문 환경

 정규과정 교재 & 실물 패턴 제공

 홈패션, 소품, 의상을 한 곳에서

 초보에서 마스터가 되기 위한 단계별 학습

 모두 똑같은 패키지 NO! 나만의 개성 있는 작품

 소잉 전문 교육을 통한 창업 인재 양성

어떤 분야에 관심이 있으신가요

재미와 실용성을 두루 갖춘 **소품 만들기 과정**

내 손으로 옷을 짓는 감동 **옷 만들기 과정**

심플소잉 대리점 안내

서울·경기·강원 지역

강남개포점	070-8836-9394	경기광주오포점	031-767-6415
남양주별내점	031-572-7353	분당판교점	010-3341-6020
수원광교점	031-211-3885	수원영통점	031-273-9411
수지신봉점	031-264-3769	안양동편마을점	031-703-7249
용인죽전점	031-265-0301	원주단구점	033-762-0251
이천창전점	031-638-8904	인천구월점	032-233-0708
일산주엽점	031-906-6577	하남미사점	031-795-3108
화성동탄점	070-4190-3830		

충청 지역

대전노은점	070-7776-5337	서산호수공원점	041-665-0607
아산배방점	041-532-5476	제천중앙점	043-642-3106
천안백석점	070-4078-9135	천안신방점	041-579-7275
청주가경점	043-232-0306	청주율량점	043-900-3579

경상 지역

경주용황점	010-9778-5588	김해내외점	055-337-5744
동래온천점	051-365-1591	양산물금점	055-388-3636
울산약사점	052-296-1009	창원남양점	055-263-5662
포항대이점	054-272-6349		

전라 지역

광주시청점	062-375-0525	군산지곡점	063-468-6338
목포하당점	061-287-8155	순천동외점	061-900-9965
여수엑스포점	061-642-0427	전주송천점	063-278-1088

대리점 개설 상담 및 문의

1644-5662

Happy Bears
Sewing Notion
For your happy sewing

About HAPPYBEARS

직접 만들어서 더 의미있는 DIY 작품은 어떤 마음을 가지고 만드냐에 따라서 그 가치가 또 달라지는 것 같아요. 누군가를 걱정하고, 아끼고, 사랑하는 마음을 담아 완성한다 그 마음까지 함께 고스란히 전해지는 것이 손으로 직접 만든 핸드메이드(HAND MADE)가 아닐까 생각됩니다 :-)

해피베어스 역시 소잉 DIY를 하는 모든 사람들을 위하는 을 담아 소잉작업에 필요한 좋은 상품(Product)을 고민하 보다 더 멋진 작품을 완성할 수 있고, 늘 즐겁고 행복한 시간을 가질 수 있도록 가치있고, 실용적인 다양한 소잉 부를 기획하는데 노력하고 있습니다.

▍HAPPY BEARS ITEM
해피베어스에서 기획개발한 다양한 소잉 부자재를 만나보세요!

01 작품의 완성도와 품격을 UP↑
프라임 소잉전용실

의상, 소품, 홈패션, 미싱퀼트, 자수 등 작품 구분없이 사용 가능하며, 일반 원단부터 론(아사), 시폰, 수영복 원단, 다 이마루, 모직 등 다양한 원단을 봉제할 수 있는 멀티실입니다.

SIZE 파인 프라임/프라임(400m), 스티치 프라임(200m)
PRICE 프라임 2,600 won / 파인, 스티치 2,800 won

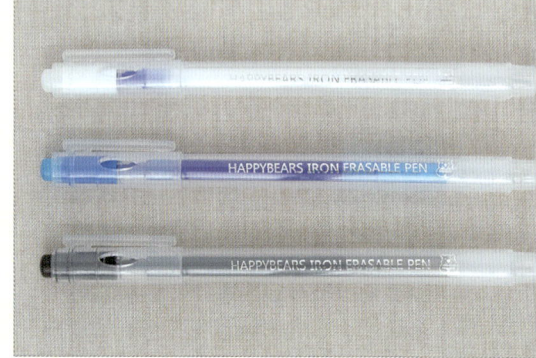

02 자수 작업시 없어선 안될 필수템
아이론 열펜

선이 비교적 가늘고 견고하게 그어지기 때문에 섬세한 작업에 사용하기 좋고, 작업후 다리미의 열만으로 쉽게 선을 지울 수 있어 편리합니다.

심 두께 약 0.5mm
PRICE 1,800 won

03 덕분에 작업시간이 줄었어요!
아이론 시접자

고열에 녹지 않는 특수 열경화성 아크릴 소재로, 직선, 곡선, 완만한 곡선, 각지거나 둥근 모서리 부분 등 거의 모든 시접 부분을 한번에 손쉽게 다릴 수 있는 스마트한 시접자입니다.

SIZE 약 20 X 10cm / 약 30 X 10cm / 두께 약 0.4mm
PRICE 10,000 / 12,000 won

04 작품의 완성도는 다림질에서 결정!
아이론 매트(다리미 스펀지)

안정감있는 넓은 사이즈, 내구성과 실용성 만점인 아이론 매트는 원 는 예쁜 원단으로 커버링을 해주면 디자인까지 만점이 되는 강추 아이템!

SIZE 약 60X45cm / 약 150X50cm, 두께 약 3cm
PRICE 9,000 / 17,000 won

〈상품구매처〉 패션스타트/ 패션스타트 대리점/ 심플소잉/ 심플소잉 대리점/ 퀼트스타/ 그외 온·오프라